程华芳 ○ 著

听懂孩子的心里话
LISTEN TO YOUR BABY
一位心理辅导师的10年辅导手记

陕西师范大学出版总社有限公司
西安曲江出版传媒股份有限公司

用心灵的能量和孩子一起成长。

一次辅导学生参加市区朗诵比赛，学生家长很激动地对我说："程老师，如果没有你的培养，我从来就不知道我的女儿还有朗诵的天赋！"我说："不是我辅导出来的，只是我善于发现而已。"家长十分遗憾地说："我的孩子要是有个做老师的家长，可能会更为优秀吧。"言谈间，透露出对自己不是老师的遗憾。

其实，家庭教育对孩子的成长有着非同寻常的意义，其影响力不是老师能实现的。好妈妈胜过好老师，家教的意义虽然已经被很多人认可，然而，什么样的父母才是好父母呢？ 15 年的从教经历和 10 年的校园辅导经历给予我的启发是丰富的，但归结为一句话却很简单——听懂孩子的心里话。然而要真正做到却很难。为什么？原因很多，自古就有的一句诗"少年不识愁滋味，为赋新词强说愁"倒是说得明白。

一直以为家是心灵的港湾，但在孩子成长的过程中，有很多孩子选择逃离这里。为什么？因为在家里有不接纳，有责骂，有苦痛，有说不清道不明的爱的阴影。父母的不理解使他们不愿意也不能在阴影中生存。

为什么家长要给孩子施加那么大的压力？为什么大人们让原本温馨的家，变成孩子逃离的战场？为什么孩子们面对自己最亲最近的人，居然一句心里话都说不出来？

孩子的内心纠结，他们挣扎的青春苦痛，为什么总暗含着童年的阴影？而在大人的心结中，为什么迟迟打不开那道爱的魔咒？

这几年我做了心理辅导后，发现在许多孩子的背后，有一道看不见的心灵魔咒，仿佛困住了父母，更困住了孩子。他们彼此在敌对中相处，孩子在叛逆中依附大人，而大人也在无常的情绪折磨中送走孩子的童年时代。像是一对宿命的冤家，双方的能量消耗殆尽，剩下的只有缴械投降之后的无可奈何。

为什么呢？道理在于上一代因循下来的家教阴影，留在了父母们的心中，他们活在上一代家教的阴影之下，无意识地将阴影又投射给了自己的孩子。 比如，上一代的父母们，希望孩子成绩好，听话，乖觉，于是这对父母就接纳了上一代家教的模式，觉得自己不够听话，不够乖觉，自己没有上大学，自己没有做到最优秀，所以把自己内心的愿望投射给孩子。 这种愿望投射之后，就势必带来心理模式的转变。 于是他们铢锱必较，看见孩子不符合自己的内心所期望就生气，情绪经常处于一触即发的状态。

这些年教学、做心理辅导，见到太多的家长，听他们说的最多的就是自己当年如何如何，自己的孩子不如自己当年，不如谁家的孩子。 总之就是不满意。那种语气，就好像孩子是一件产品，型号不符合标准，质地不符合标准，质量不符合标准。

孩子不是商品，而是活生生的人，有心理的需求，有巨大的心灵能量。 这些不同的心灵能量，可以创造出不同的个体。 我们为什么要忽略孩子内心的能量，而强求他们外在的千篇一律？

森林里的大树，没有人呵护它们，没有人天天干扰它们，没有人要求它们，它们照样恣意地吸收阳光，从不放弃生长。 你看那一朵花，在自然的力量之下，谁能阻挡得了它们的绽放？ 这些自然的灵性能量，为我们展示了一副最为平和最为美丽的教育之道。 提升能量，就能成就一切美妙。

那么，在这个世间谁为万物之灵长？ 人！ 只有人！ 我们拥有无穷的能量，可以改变自己的生存环境，从洪荒年代的长毛野人，到 21 世纪的现代化新文明。我们的能量要远大于自然的力量，只要消除自己心灵的阴影，释放灵性的能量，就可以活出自己的真风采！

从心理学上来讲，人的本质在于全面发掘自己的灵性所在，找到真正的自己，活出真我。 从教育学来说，就是要孩子全面地发展，有适应社会的技能，并能够活出自己的风采。 其实道理都一样。 问题在于，家长们忽略了孩子的心灵层面，使得他们失去内心的真自在，活在大人们那些看得见、看不见的束缚之下，在绳索的捆绑中挣扎，哪里还有灵性的释放可言？ 哪里还有天才的能量可言？

从这个层面上说，当一个孩子脑袋里装满了条条框框，熟记了什么是应该，什么是不应该，积累了什么可以赢得大人赞扬，什么会遭受非议的时候，这个孩子已经失去了自然的灵性能量，迷失了真正的自己。 而在未来的生活中，他会活得不知道自己是谁，不知道为什么而活。 没有自己的思想和价值，只能活在套子里，跟随着别人的目标和方向，没有真正的快乐。

我想作为家长，谁都不愿意孩子在成长的过程中，如此萎靡、如此负重，所以我要郑重呼吁：给他们减压，给他们抚慰吧！

孩子从出生的那天起，就注定了要开始他独立于这个社会的心理发展进程。遇到困难他需要坚强，遇到苦痛他需要忍受，遇到压力他需要担当。 在这个进程中，他才能发展自己独立的人格，有了自己独有的个性和气质。 作为父母，除了要给他力量，还要尽其所能地为他抚平这一路成长的悲伤，拨开他遭受的外围堵截，让他看到自己真实的灵性，激发起他的能量，让他学会正视自己，接纳自己的一切，让自己获得成长。

从这个意义上说，家长是幸运的。 能和孩子一起，分享成长的幸福和喜悦，互相提升能量，何乐而不为呢？ 关键在于，我们总是不由自主地将自己的负面情绪抛给孩子，挑剔他们，甚至将自己的阴影笼罩在他们心头。

从现在开始，请以真爱的名义，从心灵的深层和孩子互动互爱，给孩子传达爱的能量，让他们犹如原野的花朵，喜悦地开放，灵性地成长，不再迷失自我，不再孤独彷徨。 未来的亲子之路才能光明而温暖！

请相信我，在你翻开本书的时候，你将会发现，你已经打开了和孩子心灵相通的灵性之门，敞开你自己，和孩子一起成长吧！

○ 现在，请打开随书附赠的这对能量环。 我需要向大家说明的是，这不是普通的一对手环，而是你和孩子心灵成长的见证，也是你和孩子心心相印的最有力的外在表示，是彼此行为的一种宣誓。孩子戴上它，表示她（他）从此将沐浴在

你爱的能量之下，和你谈心，交流，拥抱，嬉戏；你戴上它，代表你将是孩子最亲爱的父亲，或者母亲，代表你将给他平等，互助，安全，尊严，和他生活在幸福人生的荣光里。

这是一对具有神奇魔力的能量环，它将唤醒沉睡在孩子和父母心头的爱的力量，将不安、委屈、愤怒、抱怨和不接纳统统抛掉，将过去的阴影慢慢整合起来，借助这个能量环，父子或者母子之间，可以共同成长，共同促进。

在本书中，每个章节后面都有使用能量环的方法及步骤。在使用的过程中，请大家把这个能量环当做亲子游戏，和孩子一起冥想，互动，那样将十分有效地促进彼此的关系发展。好了；请翻开本书，让我们一起来见证爱的神奇能量，出发吧！

目录

第 **5** 章

好父母必知的心灵秘技

第 **6** 章

好父母的心灵修炼大全

第1章
你真正了解孩子吗

心灵手记1：快乐知多少

今天是开学的第一天。接到几个孩子家长的电话，说让孩子转到我班。得到家长的肯定，我其实很高兴，但是他们常说："程老师，孩子交给你了，不听话你就骂，要是不行你动手打，我们也毫无怨言。"

听着这话，我心里顿时五味杂陈。姑且不论孩子的心理感受，单从一个个体的角度出发，那是一个生命，怎么能说打就打，说骂就骂呢。这样的逻辑，实在是几千年来的旧思想残余，其中包含有"父为子纲"的变异，简单一点说，也就是："孩子就是我的，我有权利想怎么样就怎么样，现在把这个权利转让给老师，你也可以拥有使用权了。"

其实家长的心思我也知道，他们无非是想表达对我的信任和尊重。但是他们这样说话，多少也传达出对孩子教育的暴力意识，起码表明他们不认同孩子的生命是一个个体，更不认同他们的心灵也是不容侵犯的，是需要被尊重的。

【心理小测试】

一踏进校园，学生们都很兴奋。

他们将积蓄了一个暑假的话像倒豆子似的，叽里咕噜，说个没完。我看着他们笑着、闹着，随手端起放在讲台上的一盆花，说道："来，大家给这盆花鼓鼓掌吧，看它开得多好啊。"

孩子们愣了下，马上停住了话头。教室里一时间变得寂然无声。大家仔细看去，发现那盆花其实是很小的，与其叫花，不如叫草更正确。花朵小小的，星星点点，淡紫色，散落在肥厚的叶子中，像是一个没有长大的孩子，被包围在一群大人中间。

我问："你们猜猜看，这盆花幸福吗？"孩子们都疑惑地看着我。大概从来没有老师问他们这样的问题。而且在他们吵闹时，这个老师没有拍桌子，没有对他们的行为大声喊停。于是他们开始看着花儿，认真地想。

"花儿开在心里，只要你闭起眼睛，仔细听听。别睁眼，现在把手放在腿上，开始在心里想象花儿的样子，告诉花儿说，我一直那么喜欢你，你就说出自己的幸福感言吧。"

孩子们很快乖乖地闭起眼睛来，不由自主地把手放在腿上，我说："请将你的手，放松，再放松，垂下来，好了，现在你看见了一朵花，你听见了花儿在说话，如果听见了请睁眼，并且举手告诉我。"

在每个孩子的心里其实都有一个内在的意象。在心理学中，这个意象正代表着他们的心灵缩影。心里的感受，有时候不是自己能说清楚的，但是心理师通过一些小小的测定，却可以走进人的内心，听到他们心灵的感言。

这盆花正好代表心灵意象。所以，我要问问这些孩子，在他们的内心深处，到底开着什么样的花儿。研究心理学这么多年，这个方法我试验了很多次，很有成效，可以马上预知孩子内心的隐痛，并了解他们性格的侧面。

一个孩子举手要发言。我点头示意，她站起来说："老师，我听见了花儿在说话。"

紧接着也有一个孩子举手说："老师，我也听见花儿在说话。"

再接下来，有很多孩子都举起了手。他们的手，在教室里一个一个立着，像是一片小树林。我点头笑了，说："很好。现在女孩子请，把这些花儿说的话写在纸上，然后交给我。请记住，你的答案是独一无二的，无人能够重复。愿意做这个游戏的请举手。"

孩子们都跃跃欲试，十分兴奋的样子。在这之前，他们大概都听说过我的名字，也听说过我的心理测试，但是第一次作为被试者，还是十分新鲜的。男孩子们都憋不住了问："程老师，那我们呢？我们怎么办？"

我笑了笑说："男孩子看着花，可以不必听花儿说话，但是要欣赏花儿。下次，再给你们做个测试。"

男孩子们略带失望地坐下来，女孩子们则兴奋地拿出笔来，开始写答案。 教室里有一种神秘的喜悦气氛。

有几个女孩率先写完了，还认真地检查着，生怕漏掉什么。 我接过她们的纸条，笑着说："谢谢大家，我可以从这里破译你们心灵的秘密。 信不信呢？"

大家都半信半疑地望着我。 有的孩子充满期待地问："程老师，你真的能知道吗？"

我没有回答他。 下课铃声响了，孩子们在神秘的快乐中结束了一节课。

【心理测试小知识】

花儿的象征，其实就是女孩对自我幸福感的评价。

在接受班级之初，我习惯这样做个整体心理调查，对孩子的自我幸福感有个认识，也好把握孩子的心理发展状况，及时疏导心理问题，因材施教。这是和学生建立良好关系的第一步。

这些心理测试不同于一般的问卷调查，而是从潜意识的层面，解读心灵密码。 按照弗洛伊德的精神分析学理论，人具有显意识和潜意识。 显意识的东西有时候并不能代表真实的自我。 潜意识才是真正自我的所在，是揭开孩子内心世界的密码。

【测试结果】

女孩子们到底听见花儿说什么了呢？ 这里是一部分女生的回答，我特别做了一下分类，现摘录如下：

↘ 阳光灿烂的小花儿

有几个成绩在前列的学生这样回答：

花儿说："开了花，我才看见春天。"

花儿说："我开花，是因为我幸福。"

花儿说："只有开花，才可以幸福。"

花儿说："因为我快乐，所以我开花。"

花儿说："我是幸福的，所以我要让大家看见我的幸福，我要开花。"

花儿说："开花让我快乐，我会努力开花。"

心理分析　在她们的内心意象中，花儿开放意味着获得幸福。她们的学习动力就是为了获得幸福，并且她们也坚信可以获得幸福，也就是说，她们对自己有信心，有积极获取幸福感的自信心，也有良好的学习生活的动机。

值得一提的是，这些孩子面对困难有坚忍不拔的毅力，她们相信自己可以搞定这一切，逆商发展良好。（关于逆商，在后面的章节中专门要讲）

性格分析　这类女孩子的性格活泼中透着冷静，时而睿智，时而天真，是情商较高的一类，同时，在朋友中也拥有较高的人缘。

我将这些女孩的名字写下来，对照一下她们的行为举止，果然是十分得体，最后选她们为班干部。

↘孤独徘徊的小花儿

花儿说："我为什么开得这么小呢？我太可怜了。"

花儿说："叶子总是那么大，我开不出来了，我不知道幸福在哪里。"

花儿说："我不想开花。我不要幸福。"

花儿说："开了也是丑丑的，不好看。不幸福。"

花儿说："如果叶子经常争吵，我开花有意义吗？"

花儿说："开了花，谁能看得见呢？"

花儿说："开花就开花吧。反正我是一朵花。不幸福，但是我得开花。"

花儿说："我是一朵孤独的花，我不想开放。"

花儿说："我这样小的花，不如做一棵草。"

心理分析　从上面的回答中不难看出，意象孤单，无力感强，有徘徊感、排斥感，表明女孩子的自我幸福程度不太高，整体评价偏低。从心理学的角度来看，她们对自己的期待值不符合儿童心理发展预期。

如果深层分析，可以发现，她们的原生家庭可能也存在着自我幸福感的缺失，因而导致孩子如此。也就是说，家庭是她们内心幸福感缺乏的最大诱因。

这样的孩子，内心脆弱，过分关注别人，不了解自己，容易自暴自弃，患得患失，如果成绩不符合心理预期，极容易出现行为反差。

○ 比对

我又对照成绩做了一下比较，相对来说，成绩好的学生自我幸福感高于成绩差的学生。这就印证了我的推测。

○ 结论及对策

女孩子的幸福感将是学习和生活的动力，幸福感缺失和父母的家教有关。如果家庭中抱怨过多，容易诱发幸福感缺失的孤僻性格。

对这类孩子，父母要学习给她们拥抱，学习宽容她们，学习真心和她们聊天，尤其是母亲，不要用挑剔的眼光来看待她们。要不拘小节，尤其是生活细节问题不要过分严格。诸如房间太乱、不收拾床铺等等，这些切忌埋怨。

而对于阳光灿烂的孩子来说，父母要放手给她们事情做，给她们派发各种任务，适时锻炼她们，使她们体会到自己的价值，发挥自己的作用。

○ 能量环的使用方法及步骤

1. 对于幸福感缺失的女孩，家长要让她将能量环戴在右手上，家长自己也要把能量环戴在右手上，并告诉女儿："这是我爱你的力量，只要你戴在右手上，我就不会离开你！你会充满力量！遇到困难，就看着右手上的能量环，写作业也会充满力量和快乐。"

2. 如果家长在愤怒的时候，出现呵斥孩子、抱怨孩子的情况，家长要把自己的能量环调换在左手上。通过这样做，来提醒自己，觉察自己，调整自己的家教心态。

3. 发现自己一天中调换了无数次，家长就要注意：你需要进行相关的心理训练。在后续的章节中我还会详细讲到这些。

心灵手记2：孤独不是错

因为之前答应过给男孩子们做一个心理测试，他们都已经期待了好久。

这天正好也是教师节。 一进教室就看到讲台上的几张贺卡。

拿着他们的贺卡，心里暖暖的。 别看这些男孩子整天打打闹闹，其实心还挺细的。

【心理小测试】

铃声刚一响，孩子们就都兴高采烈地叫道："哦，语文课！ 上语文课！"我走到讲堂上，笑眯眯地说："今天是一个很特殊的日子，地球人都知道，你们知道吗？"大家都咯咯吱吱笑起来，叫道："知道！ 知道！ 教师节！"我点了点头笑道："恭喜大家都知道这个秘密！ 那么，请看外面。 你们看见那几棵树了吗？"

教室外面，站着一排刚栽下不久的小树。 瘦小的树干，在即将到来的秋季显得有些孱弱。 孩子们都向着窗外看，他们的眼神专注而好奇。 有个孩子举手问道："程老师，你是要给我们做测试吗？"

我不置可否地笑笑说："再给你们两分钟时间，看清那些树，请记住它的样子。 然后听着我的口令，你会发现自己越来越聪明了！ 如果觉得自己变得越来越聪明的，请等会举手告诉我！"

这些十一二岁的孩子们，都静静地注视着不远处的小树。 我知道，在每个人的心里，都会留下不同的映像。 即便是同一棵树，留在每一个人的心里也都会有不同。

我说："那里整整一排，正好是八棵小树，从左往右按照顺序，大家可以给它们编出排列号码。 你喜欢其中的哪一棵就记住它的序号和样子。 好，现在开始闭眼睛，听我的口令！ 一，二，三，闭眼睛，放松你的身体和双手。"

孩子们马上闭上了眼睛，他们的手很自然地垂下来，落在大腿两边。 这是最自然的放松状态，此刻获得内心的信息也最容易。

我轻轻地说："现在，你是最聪明的孩子，你可以记住眼前刚刚看到的小树。 你仔细听，仔细看，哪一棵是你最喜欢的树？ 听听它们在说什么？ 它们快乐吗？ 天天站在风雨中，它们到底快乐吗？ 你用自己聪明的耳朵，听听它们，一定能知道这个秘密！"

教室里鸦雀无声。 孩子们沉浸在自己的内心世界，他们的眼睛都微闭着，似乎忘记了自己身在哪里。

我又轻声说道："好，你们听见树在说话了吗？ 如果听到了，请将它们的话写在你的脑子里，写完了，请睁开眼睛来举手回答。"

过了不多一会儿，孩子们陆续睁开眼睛来，有几个孩子举手回答："老师，我听见了！ 也写完了！"

等到大家都差不多在脑海里记完了小树的话之后，我说："现在，女孩子们请欣赏小树，可以画下来，但不用写它们说的话，男孩子们可以在纸上写下你刚才听到的话。"

男孩子们一下子高兴起来。 他们都高兴地拿出纸笔来，开始书写。 我走过他们的身旁，有男生问："老师，我觉得心里好像在说话。"我点头，说："嗯，你听听说什么，写下来就行了。"

【心理测试小知识】

在心理学界，有一种简单的人格测试，是从个体对树的潜意识感知着手进行的。 在这里，我只是想通过简单的测试，简略了解男孩子内心对快乐的感受程度，借以了解他们内心深处的生活学习的动力。 树象征着他们自身的人格，他们听到树说的话，其实就是一种心理的投射。 并不是树在说话，而是他们内在的自我在说话，每一个孩子听到的声音，正是他内心的真实意象，也是对快乐的真实感受。

【测试结果】

男孩子们到底听见小树说些什么呢？ 我给他们的答案做了个分类，现摘录如下：

↘ 生机勃勃的小树

小树说："站在这里真好啊！ 每天看着天空，小鸟在枝头歌唱，多么快乐啊！"

小树说："我是一棵多么快乐的小树！我要天天在这里唱歌！让我的小鸟朋友们和我一起快乐！"

小树说："有一天我会长大，到时候就做小鸟最高的最安全的房子。"

小树说："我真的很想一直这样，下雨的时候，还能洗澡，多么快乐啊！"

小树说："夏天来了，那风儿多凉爽啊。冬天我也不怕，因为有白雪挂在上面，多么干净，多么好玩！"

小树说："我天天看着风儿在跳舞，看着冬天走了，春天来了，我是世界上最快乐的观众！每天都看着这些在我的眼前上演！"

心理分析 这些孩子的内心意象自信，快乐，有爱人的能量，还有包容痛苦的韧性，善于为人着想，客观评价生活环境，适应各种生存环境，是高智商和高情商的孩子。

↘ 柔弱无力的小树

小树说："我不想做一棵树。太累了。"

小树说："我不做这棵树，要是能做旁边那一棵树就好了，那里的阳光多好啊。太不公平了。"

小树说："要是天天下雨，刮风，多没有意思啊。我讨厌做一棵树。"

小树说："做树多没意思啊，如果能做小鸟，我死了也愿意。"

小树说："如果能长成大树，就没有这么辛苦了啊。"

小树说："我最害怕闪电和打雷了，求求老天，别再下雨了吧。"

小树说："我的快乐都快被剥夺掉了，做一棵树注定没有快乐可言。"

小树说："我不做小鸟，还能做什么呢？"

小树说："我觉得老是长不大，看看第五棵树，怎么长得那么高呢？"

小树说："我是一棵有很多烦恼的小树，你们没法理解我。"

小树说："我没有一个朋友，总是站在这里，谁会看得到我呢？"

小树说："我不想这样闷着，可是我又不能动，谁来帮帮我啊。"

心理分析 在这类孩子的声音中，可以看到意象柔弱，被动，孤僻，沉闷，无奈。

整体感觉，这些男孩在自我认知方面相当缺乏。如果遇到困境，他们会最先压抑自己，制造快乐的能力也较弱。学习或者做事多处于迷茫阶段，多有被动的行为，例如，不知道自己需要什么，也不知道什么是自己能得到的。大多随波逐流，父母多操控他们的生活和学习。

○ 比对

我综合了一下成绩，也进行了观察，并从中看出，这些孩子多成绩中等偏下，甚至学习吃力，行为上有逃学倾向，不写作业，不能完成老师布置的任务。

而父母的表现则总是对孩子的期望值过高，比如，孩子只能考八十分左右，而家长却要求九十五分。

○ 结论及对策

在这里，树是男孩人格的象征。如果缺乏自信，就会形成孩子不敢闯不敢干的个性，胆小怕事，经常待在家里，跟在父母后面，过分依赖父母。

这类孩子需要父母多鼓励，多放手，不要事事都安排，要给他们自由空间。比如，让他们独自上黑暗的楼梯，独自走过黑暗的楼道，独自待在黑暗的房间里，做这些训练，让他们体会自己的存在。同时让他们独立安排自己的时间。有意让他们交友，和一些阳光的孩子做交流。

对于内心生机勃勃的孩子来说，家长要让他们参与到家庭内部事务中来，让他们担当家庭的一些责任，尊重他们的人格，承认他们的存在，让他们体会到自己的价值和意义，早当家的孩子更容易锻炼出能力来。

○ 能量环的使用方法及步骤

1. 对于内心独立的孩子来说，家长要和孩子一起戴上能量环进行互动，戴在右手上，表示自己相信孩子，同时也要让孩子相信自己的能力，如果他充满干劲，有闯劲，就戴在右手上；如果自己出现干涉孩子的行为，孩子出现恐惧、忧郁等退缩行为，自己就要和孩子一起，将能量环换到左手上一下，然后马上换到右手上。这样让孩子和父母体会自己的情绪变化，及时进行交流沟通，从心理层面体会到能量环戴在右手上的强大独立的力量。

2. 对于内心意象较为单薄的男孩子来说，家长要和孩子一起将能量环戴在右手上，并且配合能量环，告诉孩子："别怕，爸爸妈妈一直在你身边支持你！ 戴在右手这里，你就会变得越来越强大！"如果孩子表现很勇敢，内心快乐，觉得自己很强大，就让孩子将能量环一直戴在右手上，让孩子体会自己内心的强大。 切忌，对这类男孩不要让他把能量环戴在左手上。

心灵手记3：学会爱自己

不知不觉开学一个多月了。 班级中大部分学生的学习、性格、气质方面的情况，我早已了然于心了。

上星期让学生们写过一篇小作文，题目是《我最想对老师说的心里话》，我的写作要求是不管说什么都可以，哪怕是秘密也行，反正我给他们保密。

我还特意叮嘱大家，这不是作文，是一封写给秘密朋友的信，并特别强调，秘密的朋友永远都不会出卖你，绝对不会泄密，大家可以尽情书写。

我还没解释完，就有学生抢着说："程老师，秘密朋友那是死党。"我笑了，点头说道："对。 死党，括号——相当于首长级别，要求待遇丰厚，随时有零食供应。"大家听了都咯咯笑起来，教室里弥漫着快乐的味道。

下课的时候，有学生到办公室来聊天，他们趴在我的桌子上，和我说着一些孩子气的话题，诸如谁的衣服好看啦，谁的零食好吃啦，我们很随意地享受着少有的轻松，我仿佛回到了孩童时代。

【心理小测试】

金色的阳光，从教室的窗玻璃投射进来，照得孩子们的脸上金灿灿的。

我看着学生们头顶的金色，笑道："大家看看，在你们的身上，那是什么？"

大家都齐声叫道："阳光啊。"

我说："这么灿烂的阳光，你们喜欢吗？"

学生们齐声回答："喜欢，太喜欢啦！"

我招牌一样的微笑浮现，神秘地说道："好，现在你闭上眼睛，感受阳光轻轻地穿过头顶，进入你的身体里面。"

学生们知道，我对他们的测试又开始了，他们兴奋得脸儿都有些红了，脸上带着憧憬的神情，仿佛被催眠了一般，乖乖地闭起了眼睛。

我轻声说道："放松你的手，放松你的腿，你感觉到很温暖，一切都是那么美丽。你走在阳光下面，请仔细看看，你周围有什么，那是你喜欢的，还是不喜欢的？在你的眼前，它展现出来的是什么样子？美丽还是丑陋？单调还是黑暗？请记住它们的样子。"

教室里静悄悄，孩子们闭着眼睛，洋溢着沉醉的笑容，从讲台上看下去，他们的平静让我莫名感动，也让我为他们担忧。有些孩子，可能内心正陷入迷惘之中，有些孩子，可能还找不到生活和学习的美丽，感受不到自己的能量。

这样想着，我轻轻说道：好，现在你完全看清楚了，并且已经记住了，这个时候你睁开眼睛，举手告诉我好吗？"

渐渐开始有学生举手，说自己已经记住了。我轻声说道："好的。现在请拿出纸笔，把你看到的记录下来，要写上你的感受。比如，是美丽的还是丑陋的。"

教室里很快安静下来。

大家都开始埋头写起来。我仔细看过去，有几个平时最调皮的孩子，还在闭着眼睛看自己内心的图像。

【测试小知识】

> 在放松的状态下，观察自己内心，可以了解内心对自我的评价和自我的接纳度。孩子们看到的东西，无论是美丽，是丑陋，是光明，还是黑暗，都可以间接表现出他们内心的健康程度。

【测试结果】

孩子们到底看到了什么呢？为了更好把握他们的心理动向，我特意做了一下分类。大家可以通过这个分类，看到孩子们之间的差异。

↘ 五彩缤纷的世界和可爱的镜中人

男孩不不写道："我看到周围很美丽，到处是五彩缤纷的花儿，还有绿色的树林。镜子里的人儿，是个非常活泼可爱的小男孩。他正在奋力地奔跑，阳光照在他的身上，简直太美了！"

女孩美美写道："我看到一个美丽的花园。周围有各种鸟儿在唱歌。还有各种各样彩色的气球高高飘扬。镜子里有个长辫子的小姑娘，她正穿着漂亮的花裙子跳舞呢。她跳舞真好看。"

落落写道："我看到了一片蔚蓝的天空。还有金灿灿的油菜花地。到处都是金色的，那么温暖。镜子里有个很爱笑的小女孩。她露出两个浅浅的酒窝，白白的小牙齿，十分可爱。我很喜欢她。"

皮皮写道："我看到了美丽的大海。海水映照着阳光，闪烁着美丽的波光。还有大轮船在海上航行。镜子中有一个十分活泼的小女孩，她正在梳着自己的小辫子，乐呵呵地看着镜子，十分快乐。"

点点写道："我看到了一片绿茵茵的草地，到处都有骑马的人，他们很快乐地骑着马，飞快地跑起来，太阳照着他们，真是太美了！镜子里有一个小男孩，他很有力量，正在训练臂力，他的胸前挂着一块奖牌。"

波波写道："我看到了无边的草原。还有一群奔跑的人。他们欢呼着，笑着闹着，周围有美丽的景色、温暖的阳光。镜子里的人也在笑着，他是一个男孩，有着十分高大的身材，他要骑马到遥远的地方去。他笑得很开心。"

天天写道："我看到了一片绯红色的桃园。花儿朵朵，一直铺到天边。多么让人陶醉。人们都在高兴地笑着，静静地欣赏大自然的美丽。镜子里的人是个短头发的小女孩。她的眼睛很大。她正在细心地描画一幅画，墙上挂着她的奖状。"

心理分析　在上面的意象中，我们可以看到这些孩子的内心充满阳光和力量——欢笑，荣誉，美丽，自信。无论是奔跑，还是欢呼，都可以看到内心的自信和对自我积极的接纳和喜爱。

这类孩子内心意象阳光灿烂，有对自我的接纳和喜爱，也有对他人广阔的包容性，而且富有情趣，性格温和，学习动力充足，做事有积极的态度，敢于承担责任，有规划人生的心理能量，也有经受挫折考验的韧性。

↘ 灰暗的世界和奇怪的镜中人

在上面的意象中，我们看到了一部分孩子的乐观和自信。接下来，我又整理了一部分孩子的内心意象。大家可以对比一下，仔细看看在第二类孩子的内心意象。

女孩西西这样写道："我看见周围是灰蒙蒙的。天下着雨，看不清远处的景物。镜子里的女孩，样子很怪，她的耳朵很小，听不到声音。"

男孩东东这样写道："周围有些黑。看不到树木。天上没有太阳。四周乱哄哄的，有人在吵架。镜子里的男孩很胖，他跑不动路，只好站在那里看着远处。"

女孩卡卡这样写道："下雪了。天很冷。人们都没有出来。公园里很冷清。树叶很脏了，也很老了。镜子里的女孩，没有朋友，有些孤单。她坐在那里，没有事做，只有回家打开电视看。"

男孩秦秦这样写道："太阳想要出来，但是最后还是没有出来。周围有些乱，地上也很脏。好像听见有人在骂人，说笨猪。镜子里的男孩，头发很短，他不喜欢让别人看着他，他想藏起来。"

女孩宝宝这样写道："外面很黑。我看不清周围的景色。我不喜欢这样的颜色，更不喜欢这样的时刻。镜子里的人，我看不清，不知道长什么样子。我讨厌镜子。"

男孩闹闹这样写道："外面很脏的。我不想出去。我看不到周围有什么。镜子里很黑，因为没有光，我看不到里面有什么。"

女孩文文这样写道："我看见外面有一条狗。它的样子很可怜。不知道谁把它丢在路边，就再没有人来爱它。镜子里的小女孩躲在小屋子里，看着窗外。外面的树还没有发芽。"

心理分析 从以上记录中整理出的意象，我们可以看到，灰暗，阴冷，单调，孤独，闭塞。缺乏暖意，缺乏生气，更谈不上合作和快乐。

这些意象正清楚地表明孩子的内心孤独，无依无靠，对自己极度可怜，极度厌恶。对身边的人或者环境充斥着抗拒，甚至是敌意。另外，还有某种自闭的倾向。

这是一群孤独、彷徨、迷茫的孩子的心灵自画像。

这些孩子在班级中的具体表现，也正如心灵显影的这样，学习成绩较差，人缘也较差，做事比较被动，没有动力，要么孤僻，要么经常和同学闹矛盾，行为反差较多。

他们处在心理健康的边缘，是成长中十分危险的一群孩子。

那么，是什么导致了这些孩子的内心如此灰暗呢？这是个值得我们探讨和反思的问题。根据多年的教学经验和心理疏导的实践，我也参考了很多心理学理论，特作如下简单的分析。

造成孩子这样的内心意象，原因不外乎两种。

一种是在孩子 0 ~3 岁时期，父母（尤其是妈妈）错过了最佳的爱的哺育期。

这是一段孩子最脆弱的心灵发育期，按照心理学家们的说法，这个时候关系着孩子人格的形成，也就是说，孩子的内心是否有安全感，全在于这个时候妈妈陪伴在身边所给予的温暖而定。

如果妈妈在 3 岁之前就远离孩子，让孩子失去这个将他（她）带来这个世间的最亲爱的人的怀抱，他们的心灵是缺乏安全感的。在潜意识里有一种被抛弃的孤独感，久而久之，就形成了对环境的敌对和抗拒。

而如果妈妈能够在 3 岁之前，或者是 5 岁左右，一直陪伴在他们身边，给孩子正面的积极的拥抱和抚摸，让孩子感受到爱的阳光，那么这些孩子的内心就是开放的，可以包容身边的一切。

另一种原因就是家庭氛围造成的心理扭曲。在家庭中，孩子的成长是以和所有家庭成员的互动关系来作为背景的。当孩子和家庭成员相处比较和睦，得到的认同和赞赏较多，那么他（她）的内心也可以慢慢发育，成长为有包容性、能接纳自我、客观认知自我的健康心灵。

然而，在生活中，当孩子做错了事情，或者偶然犯错，大人大声地斥骂，毫无温情地毒打，甚至是恐吓和威逼，都可能导致孩子心灵的突然失聪，使得他们变得僵硬，没有感应能力。到最后，慢慢变成对抗，敌对，逃避，甚至是破坏和毁灭。

○ 结论及对策

刚才我们分析了两种不同意象的孩子的内心世界。这个测试，让孩子对自我的认知和接纳做了一个比较清晰的觉醒。当然，孩子并不知道这些结果意味着什么。 但是对于我们大人来说，了解孩子的内心，是一件十分令人高兴的事情。

中医看病讲究望、闻、问、切，我们对待孩子的问题，也不能草率行事，尤其是脆弱的心灵世界。 我们能看到孩子的心灵草图，相对来说，就有了教育孩子的第一手珍贵资料，这样就可以做到有的放矢、因材施教了。 在这里，我本着发展的原则，对家长朋友们提出一点建议：

首先，对于内心阳光灿烂的孩子来说，做家长的要敢于放手，给予孩子充分的信任，让他们体验生命成长的滋味。 遇到问题，我们不用马上跑上前去，而应该让他们自行解决。 同时，还可以给他们设置各种障碍，以磨砺他们的意志力，使得他们的韧性有所加强，有所成长。 不要怕孩子吃苦，不要盲目心疼。

这类孩子的弱点也是显而易见，可能会有自信过多的嫌疑，所以家长要把握一点，就是不可以过分表扬，不可以经常性地夸赞。

道理很简单，这些孩子内心建立起来足够的自信，已经不太需要表面形式的刻意表扬，他们需要的是公平、公正的自我角色，是大人和他们平起平坐时候的那种满足和尊严感。

家长们如果能及早做到这一点，就可以避免日后的代沟问题的出现，和孩子互相沟通就容易多了。

一句话，和孩子做朋友，把孩子当成独立的人看待，遇到事情可以和他们商量，让他们参与到家庭事务的讨论当中，这样就够了。

接下来谈谈对于第二类意象的孩子的教育方法。

这一类孩子的问题，在上个环节里我们已经分析过了。 大家都知道，治病要对症下药。 那么对于孩子的家庭教育，既然已经找到了根源，剩下的就是如何下药的问题了。

幼儿期孩子缺乏关爱，导致其内心安全感缺失。 同时因为在环境中遭受的负面压抑太多，导致了对环境的敌对和对他人的排斥。 这就是问题的本质所在，接下来我们所要做的，就是从孩子心灵缺乏的地方入手，用世间最温暖的爱来捂热他们冻僵的灵魂。

我特别提出了以下几个措施：一说，二抱，三道歉。 具体说来，就是面对孩子，大胆说出："孩子我爱你。"晚上睡觉前，要和孩子充满爱意地拥抱，给孩子爱的安全感。 在适当的时候，告诉孩子，以前自己是多么的迫不得已，没有能够一直陪伴在孩子的身边，以后就不会离开孩子了。

值得注意的是，在向孩子道歉之后，一定不要给孩子附加过多的承诺，以免让孩子内心形成债主心理。

之前我碰到过一些例子，有些家长因为内心愧疚，就在孩子面前轻易许诺，想把孩子失去的爱都重新补回来，结果让孩子在这种突如其来的丰盛大餐面前，失去了理智，过分索要，父母则有求必应，最终同样也是得不偿失，酿成恶果。

另外需要注意的是，在给予孩子足够的爱的同时，不要过分调高对孩子的期望值，包括对学习成绩、班级名次的过分强求。 这是孩子内心的软肋，尽可能不去过多指责，而是和风细雨地鼓励他（她），表扬他（她），给他（她）积极正面的引导和暗示，比如，告诉他（她）要相信自己，不论将来如何，他（她）都是父母心中最爱的孩子。

○ 能量环的使用方法及步骤

1. 对于内心意象比较丰满的孩子来说，家长要和他（她）一起戴上能量环，这就代表着以后将不会过多干涉孩子，要给他（她）相对独立的自由，加强平等的交流，同时双方都戴在右手上，是代表大家都会尊重彼此，绝不强加自己的意志给对方。反之，则将能量环换到左手上，让彼此学会警觉自己违背了当初的誓言。

2. 对于内心意象比较单调灰暗的孩子来说，家长要和他（她）一起戴在右手上，用温和的声音告诉孩子说："这是我们的能量环。 戴上它，我要学会爱你，不打骂你，和你多交流，不批评你。 你戴上它，就要和我多说说心里话，有什么困难尽管找我说。 我一定会帮助你的。 如果有做不到的地方，我们一起把能量爱心环换到左手上，等到找到爱的感觉，再换到右手上来。"

3. 注意：通过反复调换能量环，父母和孩子都能感知到右手爱的能量和左手反面力量的冷酷。 这样心理就会强化正面的体验。

心灵手记 4：幸福的翅膀

快期中考试了。

学生们有的早早就在复习了，也有的照样无忧无虑、满不在乎的。我看着他们一张张脸上带着十一二岁少年特有的稚嫩，感到个体的差异就在这萌芽的年少心灵中悄悄生长。

到底是什么形成了如此的差异？他们的责任性，对学习的动力，到底来自哪里？孩子自我认知的萌芽，为何总是如此参差不齐？

【孩子的故事】

课间的时候，有个男孩哭了。有学生报告说，他被别人欺负了。我了解这个孩子，他不欺负别人就好了，怎么还能有人欺负他呢？

等我赶到的时候，这个男生已经不哭了，但眼睛里还闪着盈盈的泪光，他吸溜着鼻子，尽量擦干泪水，红着眼睛说："没事的，没事。"

他身材胖大，一身的力气，看起来十分厉害。其实事实也是如此，他不但不学习，而且还经常向别的同学找茬，别人不小心踩了他的脚，准保要被他狠狠痛骂一顿，而最可气的是，他总是露出一副凶狠的模样，对人家说："你找死啊！下次别让我再撞见你，不然你小心！"他这种表示凶狠的模样，一直都留在女生们记忆里，让她们讨厌。

所以，这个男孩没有一个朋友。我后来从家访中知道，他的家庭关系有些复杂。妈妈生病去世了，大概在他 2 岁的时候吧。爸爸很快就又娶了一个后妈，但是经常不和他住在一起，他由年迈的奶奶一手带大。

在他的作文中写自己的印象里，没有妈妈。他不知道妈妈的怀抱有多么温暖，也不知道妈妈长什么样子。

我曾经告诉他，即便没有妈妈，他还有一个爱他的奶奶。奶奶满头的白发，就是对他爱的见证。我说着说着，这个孩子就哭了。泪水流满了双颊，他也不知道擦一擦。

等到我说："你别怕，老师喜欢你，相信你。"他哭得更厉害了。但是只是一瞬间而已，他马上就恢复过来，对我说："不用了。我这个人，哪里会有人喜欢呢？"

就在那天，他又从家里偷走了五十块钱，周末躲到网吧里去了。直到第二天，我看见了他，我说："你昨晚一定做了一个噩梦，被人追赶。"

他被吓住了，惊讶地望着我，不知道该说些什么。事实上，我真的猜对了。

我不是蒙这个孩子，而是我知道，他行为的反差掩饰不住内心的恐惧和失落。他的内心缺乏安全感，是想仓皇地奔逃。

其实，他是想寻找一个爱的家园，想找到一个爱他、欣赏他、让他知道自己有多么重要的亲人，或者说是一份爱的力量。可惜，他一直就这样通过犯错来寻找，而且找来找去，总是越找越痛苦。最后噩梦连连，常常不敢入眠。

【心理小测试】

上课了，我在黑板上写下了几个大字：请画一座房子。

大家知道，我的心理测试又开始了，不约而同地兴奋起来。他们按照我的要求，拿出了五彩的水笔，根据各自的喜好，挑选一种颜色画了起来。

我要求他们画好后，仔细回答下列问题：房子里有什么人？房子的光线如何？房子里热闹还是冷清？房子里温暖还是寒冷？房子里有什么自己喜欢的东西吗？

大家很快就画好了，并且在旁边也写上了问题的答案。

【心理测试小知识】

房子象征家庭中的亲子关系。同时也是家庭幸福感的象征。在这里我想通过图画，来测试下孩子们内心的家庭意象，来更深一层了解孩子童年的忧伤和问题的根源。

【测试结果】

房子的形状和着墨不同，代表着孩子内心家庭幸福度的差异。那么，孩子们到底画出了什么样的房子呢？为了系统地弄清楚其中的差异，我还是按照以前的方法，将图画分成了两类。

↘ 温暖热闹的房子

朵朵在一片开阔的地带画了一座色彩缤纷的房子，屋顶是温暖的红色，还有黄色的窗户，门前有路，房顶还留着一顶小小的烟囱，里面冒着白烟。

她在旁边的答案是：房子里的光线很好，这个房子里住着爸爸妈妈，还有我。屋子里很干净，也很温暖，热闹得很，总是欢笑声不断。

闹闹也在开阔的地方画了一座尖顶的房子。屋顶是醒目的红色，门窗也是红色，绿色的草坪，有烟囱，还有敞开的门窗。他说，这个屋子里有柔和的光线，很热闹，也很美丽。他喜欢这个房子。

天天画了一座三层的小楼，墙面是青绿的颜色，窗户是开着的，门也是开着的，而且是温暖的黄色。她说，房子里光线明亮，阳光可以射到里面来。屋子里住着许多亲人，他们都高高兴兴，有说有笑，有时候围坐在一起做游戏。

西西画了一片花园，在花园旁边有一座房子。房子的屋顶是绿色的。门窗是红的。烟囱也是一种温暖的黄色。她说屋子很漂亮，她很喜欢。她还在屋子里摆了好多花，屋子里住着很多人，大家都很开心，也很幸福地生活着。

心理分析 从以上意象我们可以看到，开阔地带五颜六色的房子，房子里充足的阳光，还有热闹地，居住在一起的快乐的亲人，这些足以证明这些孩子的内心有多么幸福和满足。

这些丰富的意象和色彩，表现出孩子对家庭是比较满意的。而家庭的幸福，也传达给了孩子自给自足的快乐。他们相信在房子里充满欢笑，是因为他们内心充满着美丽的遐想。房子是五彩缤纷的，而且门窗也是敞开的，代表他们愿意向外界伸展，喜欢敞开心扉，接纳一切。他们是开放的，有发展的动机和愿望。而这正是幸福感所给予他们的心灵能量。

↘蒙尘的木屋孤独冷清

男孩刚刚画的房子；让人觉得有些奇怪，它不是盖在开阔的平地上，而是在一座高山之巅，下面有湍急的江水，而且房子还有着灰黑的颜色，似乎隔着很久远的年代，看起来十分沧桑，还缺乏一种稳定的感觉。

他说，这是记忆里小时候的房子，已经很陈旧了，屋子里的光线也很不好。因为窗户已经坏了。门紧闭着，他怕有什么人进来。现在房子里没有人来住了，很冷清寂寞。

女孩心心画了一座小木屋。屋顶没有颜色，只门窗有颜色，但是是灰色的，窗户很小。她说，这是她记忆里的房子，已经好久没有人了。里面到处都爬满了灰尘，以前的人都不知道到哪里去了，这是一个没有快乐、没有温暖的屋子，连门都打不开了。

男孩豆豆画了一座灰色的房子。没有涂色，也没有门窗，更为奇怪的是，他说这个房子里，什么人也没有，而且最好永远都没有人住。这只是一个孤零零的房子而已。

女孩乐乐把画好的画拿过来，在白纸上没有房子，她画了人，那是一个小女孩被一个人背着，旁边站着一个女人。她说，我没有房子可以画。待在房子里有什么意思呢？我讨厌房子。我想画的是，人永远待在外面的世界里，待在野外，不要房子。我被爸爸背着，妈妈站在旁边，我们在游戏。

心理分析 这类孩子画的房子和第一类孩子画的房子是截然不同的。我们可以看到，它们不但孤绝冷清，而且仿佛停留在久远的回忆里。

房子代表心灵的空间，同时也是家庭幸福感的体现。而在这些意象中，我们可以读到孩子心灵空间的逼仄老旧，甚至可以看到孩子的郁闷和无奈。

他们生活在回忆中，有时候凭借记忆来感知温暖。而那个不画房子的女孩，则更是直接割断了自己与亲情的联系，内心不愿意预留空间，它导致的结果就是迷茫、彷徨、自卑、不知所措。她拒绝长大，希望一直活在父母的脊背上。这是典型的成长恐惧。

这类孩子的心理成因，我想很多家长一定很有兴趣想弄清楚这个问题。所以，我特意增加了这个环节。

不愿意成长，这是这些孩子内心抗拒外界的唯一方式。那么，他们到底为什么选择逃避呢?

正像那个女孩所说的那样,家里的氛围太压抑,太冷清,所以她想逃到外面去。 家庭幸福感的缺失,导致了孩子内心空间的狭小。 他们不敢面对自己的心灵,更不敢面对父母的心灵空间。

那个不愿意画房子的女孩对我说:"程老师,我不喜欢回家,不想待在家里。 家里每天都是冷清的。"我问:"难道每天都是你一个人吗? 你的爸爸妈妈呢?"

女孩说:"爸爸妈妈都在家。 但是他们一个待在电脑旁做自己的事情,一个待在厨房里做自己的家务,每个人都有自己的事情,而只有我,不知道做什么。 我只有看电视,可是一看电视,就会招来父母骂我。 哎,我不愿意要房子,大家都不待在房子里多好啊。"

在这个孩子的心里,她觉得不幸福的根源在于房子。 实际上并不是这样的,完全是因为家庭爱的缺少所造成的。 父母不能完整地陪伴孩子,留给孩子很无奈的印象,使得孩子无法找到自己的位置,长此以往,不愿意长大,自然就成了他们逃避现实唯一的心灵武器了。

○ 结论及对策

对于内心幸福感强的孩子,我要恭喜他们的家长,同时也要恭喜他们自己。 因为在幼年乃至童年的时候,是家长给孩子创造了良好的家庭氛围,给孩子营造了真实的幸福感,在未来的家教之路上,他们将会走得十分顺畅。

而对于那些内心孤绝冷清的孩子,我想对他们的家长说一句话:在看清孩子的心灵问题之后,一定要冷静地思考,面对自己制造出来的问题,要有信心做好改变的准备。

在这里我有几个建议,供大家参考。

首先是抽出时间来,陪着孩子在家里玩耍,或者做游戏,或者一起看动画片。 集体参与的事情,在家里也可以进行。 在玩耍的过程中,要纯粹为了玩,不可以心不在焉,更不要附加什么条件。

其次,我们可以选择在合适的时间,同孩子进行协作式游戏,比如做手工、下棋、打牌等活动。 让孩子感受到家的可爱和温暖。

再次,我想说说家长们在家里忌做的事情。 我们都知道,在一般情况下，家是一个避风的港湾。 当孩子在外面受了伤害，他（她）可以回家来，如果父母能给他们温暖的怀抱和安慰，那么家就会在孩子的心里变成幸福的代名词。 孩子就可以感知到家的可爱。 反之，如果孩子常常受到斥责、打骂，或者是羞辱，还有家庭成员间各行其是的互不关心，那么家里就没有幸福感可言，家就只不过是一种摆设而已。 这样的家庭，在孩子的心目中毫无位置可言。 孩子内心也不会有良好的家庭概念，更谈不上营造良好的家庭氛围和给予亲人家庭的幸福感。

◯ **能量环的使用方法及步骤**

1. 对于内心幸福感强的孩子来说，家长要和孩子一起，将能量环戴在右手上。 孩子右手的手环，代表自己已经长大，可以为家里做一些事情，为家庭出谋划策，为家庭出力：家长右手的手环代表自己不过多干涉孩子，能倾听孩子的想法，理解孩子的想法，尊重孩子的决定。

2. 在出现愤怒情绪或者是负面想法的时候，要赶紧将右手的手环换到左手上。 孩子和父母都要这样做。 通过调换手环，互相告诫对方，要寻求心灵的成长，得学会静心。

3. 对于内心幸福感缺失的孩子来说，家长要和孩子一起，将能量环戴在右手上。 不要调换。 佩戴能量环的同时，就要告诉对方，孩子爱你母，父母爱孩子。 只要有爱，就能带来信任和幸福。 坚持佩戴，直到内心出现温暖的颜色为止。

心灵手记5：自卑可以超越

谈到自卑情结，在这里不得不提到一个人。 他就是著名的个体心理学家阿德勒。

1870年，阿德勒出生在维亚纳一个米谷商人的家庭里，家境富裕，全家都热爱音乐，但是他却觉得他的童年生活是不快乐的。 不快乐的原因来自于他哥哥。

阿德勒在家中排行第二，哥哥是母亲的宠儿。 虽然他的父亲比较宠爱他，可是阿德勒却觉得自己不管有多么努力，都赶不上哥哥的成就。 他自小患有驼背，行动不便，而哥哥行动自如，蹦跳活跃。 这使他觉得自己又小又丑，自惭形秽。

1907年，阿德勒发表了有关身体缺陷引起的自卑感及其补偿的论文，从而使得他声名大噪。 他认为，由身体缺陷或者其他原因所引起的自卑，不仅能摧毁一个人，使人自甘堕落或者催生神经病，在另一方面，它还能使人发愤图强，力求振作，来补偿自己的弱点。 例如，美国的罗斯福总统，患有小儿麻痹症，其奋斗事迹家喻户晓。 有时候，一方面的缺陷会使人在转而另一方求取补偿，例如，尼采身体羸弱，可是他却弃剑就笔，写下不朽的权利哲学。 诸如此类的例子，在文学史上或者是历史上都不胜枚举。

在后来的实践中，阿德勒体会到，不管有无器官上的缺陷，儿童的自卑感总是一种普遍存在的事实，因为他们身体弱小，必须依赖大人生活，而且一举一动都受制于大人。 当儿童们利用这种自卑感作为逃避他们能够做的事情的借口时，他们便会发展出神经病的倾向，比如装病逃学、装病逃避现实等。 如果儿童的自卑感在以后的生活中继续存在的话，它便会构成"自卑情结"，由此，自卑感并不是变态的象征，而是个人在追求优越地位时，一种正常的发展过程。

第一次世界大战后，阿德勒在维亚纳的教育机构中从事儿童辅导工作，他发现，他的观点不仅适用于父母和子女之间的关系，而且还可涵盖师生关系。 此后，他的思想影响了很多教育者，甚至有些还成为个体心理学家。

阿德勒的思想形成中，他又是怎样克服自身的自卑情绪的呢？

阿德勒上小学的时候，数学成绩一直很差。 在班级里老师很不喜欢他，甚至有些鄙视他。 阿德勒的内心十分自卑。 直到有一天，老师在黑板上出了一道题，并且告诉学生们说这道题很难，极少有人能算出来。

教室里，当大家都冥思苦想找不到方法的时候，阿德勒一下子茅塞顿开，不但理清了思路还算出了完美的答案。 这个事实，让老师和同学都对他刮目相看，从此以后，阿德勒发现自己并没有想象中的那么愚笨，他重新找到了自信，并发现了真正的自己，从那个时候开始，他也就真正超越了自卑。

自卑有时候不是一个贬义词，而是一个人未来成长和发展所必须具有的加速器。

没有自卑，我们可能看不到自己多么富有勇气，没有自卑，我们也许不知道未来还有许多潜力等着自己去挖掘。 我们应当相信，跨越一步，只要一小步，孩子就可以利用内心的自卑为成功带来契机。

一学期过去了一大半，我将学生们的情况完全熟悉，除了学习成绩之外，最重要的是他们的心理素质、心灵底色，说确切点是将他们心灵成长的轨迹基本摸清了。我不但给他们建立了心理档案，而且从各个不同的层面进行深入了解，之后又记录备案。

一个孩子在他（她）出生的时候，心灵的底色是毫无污染的纯洁的白色。然而现在，早已失去了原有的颜色。到底是什么颜色呢？这就和他们的自卑情结有关。

【心理小测试】

这是一个萧瑟的秋日，室外的风凉凉的，吹落一地的黄叶，远远看去，到处都是肃穆萧杀的秋意。

我打算采用问卷法的形式，测验学生们的自卑情结。在这之前，有些自卑情结相当严重的学生，都得到过我的鼓励。我此次测验的目的，是想了解孩子们在哪些方面最容易产生自卑情结，也想测验一下在自卑情结的超越方面，孩子们有多少自我调控能力。

在开始之前，同学们都已经有所察觉，马上兴奋起来。其实他们之所以喜欢测验，我想原因也无非是觉得很有趣，像是游戏一样，可以带给他们对未知的神秘答案。

问卷上设了十个开放性的问题：

1. 你最怕别人说你什么？为什么？

2. 你最害怕的人是谁？为什么？

3. 你最害怕的事是做什么？为什么？

4. 你有被别人取笑的经历吗？说出来。

5. 你能写出自己的优点吗？最少五条。

6. 你最尊敬的人是谁？为什么？

7. 请写出你被别人表扬的经历。

8. 你做自己喜欢的事情时，如果被别人嘲笑，你会放弃吗？为什么？

9. 你觉得自己是大家喜欢的人，还是大家讨厌的人？为什么？

10. 假如签发给你一张奖状，由你自己来任意颁发，你会颁给自己吗？ 为什么？

我在问卷中也设了十个封闭性的问题，只用"是，否"作答：

1. 你是否得到过很多次奖励，或者别人的夸奖？

2. 你是否被别人嘲笑或者是批评过很多次？

3. 你是否觉得自己很聪明？

4. 如果别人嘲笑你，你是否觉得自己很差劲？

5. 你是否觉得自己没有优点？

6. 你是否觉得自己在家里是个好孩子？

7. 你是否觉得父母很喜欢你？

8. 你是否觉得老师很喜欢你？

9. 你是否觉得自己很优秀？

10. 你是否觉得自己可以克服身边的困难？

教室里马上安静下来。 大家都认真作答。 学习上一直有些困难的孩子，看着问卷有些犹豫，不过到最后大家还是都完整填好，按时交了上来。

【心理测试小知识】

> 这次测试的目的很明确。 主要是想通过孩子记忆深刻的一些事情，来了解他们内心自卑与自信两种情结的较量。
>
> 自卑与自信并不是与生俱来，而是在后天事件的影响之下产生的。 有的是某种家庭模式的熏染，有的是突发事件的预留，有的是外界人际、亲人态度的刺激。
>
> 这一次测试是为了解在那些自卑孩子的内心，来自哪个环节的影响造成的伤害最大，导致的自卑情结最深。

【测试结果】

孩子们的测试结果如何呢？ 在这里我还是按照原来的方法，根据孩子的两种表现，做出不同的两种分类。在分类之前，先说说孩子的两种外在表现，自信和自卑。

自信的孩子性格随和，开朗大方。自卑的孩子心理补偿性过强，患得患失，内心容易引发矛盾冲突。那么自信的孩子是如何产生的呢？自卑的孩子又将如何走出困境呢？

⬊ 积极正面的生活经历，促成自信的内心体验

女孩文文的问卷中写道：

1.我没有最怕别人说我什么。因为妈妈告诉我说，如果犯错也没有什么，只要下次能改正就可以了。

2.我没有最害怕的人。因为我觉得他们都很爱我。包括老师和我的亲人们。

3.我喜欢的事情很多，但是没有害怕做的事情。因为就算是害怕，妈妈说，只要有信心做，就不会害怕了。

4.我好像没有被别人取笑的经历。因为我觉得他们笑我，并没有想笑话我，只是觉得可爱而已。

5.我的优点很多。我会下棋，会跳舞，会写作文，还会帮助妈妈干家务，我还会演讲。老师说，我的书法也不错。

6.我最尊敬的人是我的父母。因为他们生了我而且一直细心教育我，从不随意打骂我。

7.我被别人表扬的经历很多。包饺子，滑冰，骑自行车，收拾房间，自己梳小辫，写作文等，都得到过表扬。

8.我不会放弃自己喜欢做的事情，更不会在意别人的嘲笑。而且我认为，别人嘲笑是没有意义的，我当他们是在给我加油好了。

9.我觉得自己是讨人喜欢的人。因为我很快乐，我会把快乐和大家分享。大家没有理由讨厌我。

10.我会给自己颁发奖状。我内心觉得自己做得可以就好，我要为自己加油。

在封闭型问卷中，她回答的正好和开放型是一致的：

1. 是的，我得到过很多次鼓励和表扬。

2. 否，但我被别人批评过。

3. 是的，我很聪明。

4. 否。我不会觉得自己很差劲。

5. 否。我有很多优点。

6. 是的。我觉得自己是个好孩子。

7. 是的。父母都很喜欢我。

8. 是的。老师也喜欢我。

9. 是的。我觉得自己很优秀。

10. 是的。我可以克服困难。

男孩奇奇的问卷中写道：

1. 别人说我什么，我不害怕。但是我想知道，他说的有多少是真实的。

2. 我最害怕的人不存在。因为我觉得自己可以战胜恐惧，而且不会有人来打我的。

3. 没有最害怕做的事情。因为我总是做我喜欢做的。学习也是。

4. 我感觉自己被人取笑是因为有次我溜冰溜得太慢了。不过很快我就赶上来了。

5. 我的优点很多，我胆大，爱学习，爱看书。写作业也很快，身体很好，还会踢球。运动会上我跑得最快。

6. 我最尊敬的人是我的老师。因为老师总是教给我知识，总是那么爱我。

7. 我被表扬的次数很多，比如有一次，是我大声回答问题。回家后妈妈很高兴，拥抱了我。

8. 我不会放弃自己喜欢做的事情。做事就是为了自己开心，随便别人怎么说好了。只要是对的。

9. 我觉得自己是讨人喜欢的人。因为我很有幽默感，大家喜欢听我说笑话。

10. 我会把奖状颁给自己。也可能颁给我的老师，或者是父母。大家都很优秀。

在封闭式问卷中，他的回答也是和开放式问卷的答案是一致的：

1. 是的，我得到过很多表扬。

2. 否，可是我被批评过。

3. 是的，我很聪明。

4. 否。我不会觉得自己差劲。

5. 否。我有优点。

6. 是的。我觉得自己是个好孩子。

7. 是的。父母都很喜欢我。

8. 是的。老师也喜欢我。

9. 是的。我觉得自己是优秀的。

10. 是的。我要坚持下去。

心理分析　在这类答卷中，尽管答案略有不同，但是我们可以发现，他们的内心十分光明，对自己的评价也都是十分积极的。

从他们的回答中可以看出这些孩子不是没有被批评过，而是表扬的次数在他们的记忆里，远远大于内心深处被批评的次数。这说明了什么呢？说明了正面积极的引导，让鼓励和表扬的声音盖过了消极的声音。这样孩子就能够在成长的过程中，非常公正地看待自己。他们抵御来自外界的干扰，照样可以看到自己的长处。这种能力，就叫做超越自卑的能力。

这类孩子的答案，值得我们好好反思。要知道，这答案并非偶然。一个孩子的心灵成长，是循着时间的轨迹一步步走过来的。这些孩子能够积极向上，不看阴暗消极的层面，实在是父母所能给予的难能可贵的心理品质。

我们试想一下，如果一个孩子在成长的过程中，经常听到的是负面的消极的声音，那么他们的心灵会是什么样子呢？

↘ 消极负面的生活氛围，形成自卑的心理机制

女孩飞飞在问卷中是这样回答的：

1. 你最怕别人说你什么？为什么？

答：我最怕别人说我笨。因为爸爸和妈妈经常这样骂我。

2. 你最害怕的人是谁？ 为什么？

答：我最害怕的人是家人。 因为他们知道我成绩不好，总是笑话我。

3. 你最害怕的事是做什么？ 为什么？

答：我最怕做的事情是吃饭。 因为一到吃饭的时候，妈妈和爸爸总会说我的成绩丢人。

4. 你有被别人取笑的经历吗？ 说出来。

答：有，一次家里来客人了，爸爸妈妈当着客人的面，说我的成绩太差，叫他们很丢脸。 我觉得自己是他们的累赘。

5. 你能写出自己的优点吗？ 最少五条。

答：我没有优点。 妈妈说，她为有我这个女儿而感到羞耻。

6. 你最尊敬的人是谁？ 为什么？

答：我没有尊敬的人。 因为没有人喜欢我。

7. 请写出你被别人表扬的经历。

答：不记得了。 好像没有。

8. 你做自己喜欢的事情时，如果被别人嘲笑，你会放弃吗？ 为什么？

答：被别人嘲笑的时候，我什么都不会做的。 我没有喜欢的事情。 因为他们说，我老是做错事。

9. 你觉得自己是大家喜欢的人，还是大家讨厌的人？ 为什么？

答：我觉得自己是大家讨厌的人。 因为我成绩不好，影响班级成绩。

10. 假如签发给你一张奖状，由你自己来任意颁发，你会颁给自己吗？ 为什么？

答：不会。 因为我不配得奖。

在封闭式答卷中，她是这样回答的：

1. 你是否得到过很多次奖励，或者别人的夸奖？

答：否。

2. 你是否被别人嘲笑或者是批评过很多次？

答：是。

3. 你是否觉得自己很聪明？

答：否。

4. 如果别人嘲笑你，你是否觉得自己很差劲?

答：是。

5. 你是否觉得自己没有优点?

答：是。

6. 你是否觉得自己在家里是个好孩子?

答：否。 没有人喜欢我。

7. 你是否觉得父母很喜欢你?

答：否。

8. 你是否觉得老师很喜欢你?

答：否。

9. 你是否觉得自己很优秀?

答：否。

10. 你是否觉得自己可以克服身边的困难?

答：否。

男孩刀刀在开放型问卷调查中是这样回答的：

1. 你最怕别人说你什么? 为什么?

答：我最怕别人说我笨猪。 因为每次爸爸骂我的时候，总是会咬牙切齿地打我。

2. 你最害怕的人是谁? 为什么?

答：我最害怕的人是爸爸。 因为他总是会动手打我。

3. 你最害怕的事是做什么? 为什么?

答：我最害怕做的事是背书。 因为背不过来妈妈会骂我太笨。

4. 你有被别人取笑的经历吗? 说出来。

答：有。 太多了。 说不完。

5. 你能写出自己的优点吗? 最少五条。

答：不能。 我不知道自己的优点是什么。

6. 你最尊敬的人是谁? 为什么?

答：没有。 因为我不知道谁让我尊敬。

7. 请写出你被别人表扬的经历。

答：没有。从来没有人表扬过我。

8. 你做自己喜欢的事情时，如果被别人嘲笑，你会放弃吗？为什么？

答：是的。我不会再做下去。我要去骂那些嘲笑我的人。

9. 你觉得自己是大家喜欢的人，还是大家讨厌的人？为什么？

答：我觉得自己是大家讨厌的人。因为老师经常批评我，大家会笑话我。

10. 假如签发给你一张奖状，由你自己来任意颁发，你会颁给自己吗？为什么？

答：我不会颁给自己。因为我从来没有得奖。

在封闭型问卷中，他是这样回答的：

1. 你是否得到过很多次奖励，或者别人的夸奖？

答：否。

2. 你是否被别人嘲笑或者是批评过很多次？

答：是的。

3. 你是否觉得自己很聪明？

答：否。

4. 如果别人嘲笑你，你是否觉得自己很差劲？

答：是的。

5. 你是否觉得自己没有优点？

答：是的。

6. 你是否觉得自己在家里是个好孩子？

答：否。我不觉得自己是个好孩子。

7. 你是否觉得父母很喜欢你？

答：否。

8. 你是否觉得老师很喜欢你？

答：否。

9. 你是否觉得自己很优秀？

答：否。

10. 你是否觉得自己可以克服身边的困难？

答：否。

心理分析 从这两份自卑情结调查答卷中，我们可以发现，在孩子的心中，正面积极的东西几乎消失殆尽，剩下的是自怨自艾，还有无法分清自我以及现实的无知和彷徨。

我仔细整理了一下答卷记录，发觉有这些情结的学生还真的不在少数。

他们内心淤积的情绪，是无法用语言表达出来的。因为受到父母或者老师负面的批评过多，他们的内心已经接受了消极的心理暗示，将失败、痛苦、愚蠢等不利于成长的东西，都全部贯注在自己的行动中，这就是他们失败的最终原因。

有心理学家曾经做过一项实验，将同一个班上能力在同一个水平面上的学生分成两组，并对其中的一组学生进行心理暗示，说他们智商较高，天资聪颖。结果发现，这些孩子普遍信心十足，上进心强，有足够的抗挫折能力，最令人奇怪的是，这些孩子的性格也很好，不打架骂人，待人热情，勤奋好学，求知欲强，团结协作。而另外一组则毫无起色。

这个例子从某个侧面为我们证明了自卑情结的由来。孩子对自我的评价往往从父母或者老师那里获得。在对待孩子的言行中，我们担负着引导孩子确立自我评价的艰巨任务。不要以为那是无足轻重的，要知道，我们的言行代表着孩子对自己的最初认识。

简单说就是：父母说孩子行孩子就行，父母说孩子不行孩子就不行。听着像是绕口令，其实也正是如此。

○ 结论及对策

通过这次测试，我们对孩子的自卑心理成因已经有了了解。在这里我总结一下：

首先，孩子的自卑情绪来源于家庭或者学校。家庭中父母要注意：在对待孩子的言行上，一定要慎重，尤其要保护孩子的尊严。

其次，孩子一旦产生自卑情绪，家长不要害怕，不要惊慌。要正面引导，让孩子获得超越自卑的能力。

那么，如何才能让孩子拥有超越自卑的能力呢？

第一，放下"家长"身份，多和孩子随便聊天，了解孩子的心理动向。

第二，不过多评价孩子。通过游戏方式，询问孩子对自我的评价。

第三，不要拿孩子最担心的事来刺激他们。

第四，选择合适的时间谈孩子最敏感的事。

○ 能量环的使用方法及步骤

1. 对于自卑的孩子来说，家长要郑重其事地给孩子戴上能量环，然后自己也要佩戴。举行这个佩戴仪式的目的，就是要唤醒父母心中对孩子的爱的力量，也唤醒孩子对自己的认知，体会自己在父母心中形象的改变。

2. 对于自负的孩子来说，要调整能量环的佩戴顺序，一开始戴在左手上，让他知道用能量环来警醒自己，让他（她）看见自己的自高自大；然后再戴在右手上，感受自己的平静温和。

3. 父母也要这样使用能量环，通过行动告诉孩子，自己的情绪不够好，也需要通过能量环让自己冷静下来。

4. 使用能量环的过程中，出现调换时一定不要谴责自己，不要对自己做任何评价，只要接纳这个事实就行了。

心灵手记6：注意力哪儿去了

注意力，是心理学当中的一个重点研究对象，它是智力的开端，也是情感、意志等内心情绪的一个载体。为什么有的孩子注意力集中？有的注意力差呢？这里我们不讨论生理上的原因，只是从心理学这个角度来探讨。

班里有个学生特别聪明，上课经常捣乱，没有见他好好听讲，可是一提问却对答如流，考试成绩也不错。

到底这种情况是什么心理机制造成的呢？其实人类的注意力是有不同分类的。

首先，注意力可分为有意注意和无意注意，或者叫显性注意和隐形注意。有意注意，顾名思义就是刻意控制自己，非常认真地侧耳倾听。像那个貌似捣乱的孩子则属于无意注意。并且无意注意发挥了很大的作用。当然，这取决于个人的适应性。 可能有的人，你让他好好坐着，竖着耳朵，什么动作都不许做，只要瞪大眼睛听讲，恐怕可能性很小。 为什么？ 因为他属于运动型的。 他不动心里就难受，就记不住东西，注意力也集中不起来，这又说明什么呢？

没有别的，这证明一点，此类人的内感官当中的听觉特别好。

说到这里，就要提到注意力的使用器官。 一般情况下，"注意"这个心理活动由看、听、说、想、记这几个环节完成。 这些环节使用到的无非是视觉、听觉、嗅觉、触觉等感觉，但是有的孩子，却另外使用了运动觉等内感官。

那么，什么叫内感觉呢？

内感觉来自心灵内部，是潜伏在大脑深层的多种感官的触角，有潜意识的合力作用。 它的灵敏度极高，可以完成许多外在感官所无法完成的工作。 比如爱迪生，他在梦中发现钨丝可以作为灯泡照明的材质。 这就是内感觉起的作用。

其实内感觉一直都存在于某些人的心理活动中，只不过我们没有发现这个问题而已。 这使得我们把这些都神秘化了，觉得有些玄幻，这种态度是不足取的。

这些年深入研究心理学我才发现，原来自己就属于内感觉特别好的人。 在黑暗中的时候，我可以预测周围的东西，感觉和注意力都特别敏锐，而我身边的朋友，别看平时眼睛比我好使，动作麻利，但是此时和我相比就又差远了。

内感觉和显性感觉相比，多了一层神秘。 所以许多孩子的注意力，就明显和别人不一样，许多家长和老师就不太理解，总是批评孩子，原因也就在这里。

那么，我们如何判断孩子的注意类型呢？

【心理小测试】

上课前，我先做了一个小小的心理测验测试孩子们的感官灵敏度。 在教室的黑板上面，我画了很大的一幅画，是卡通的孩子形象。 而在画的空白处，则写了小一点的字，内容是课堂上要大家做的作业。

画好就让大家写作业了。 然后我仔细观察学生们的表现。 很多孩子看着那幅画，十分新奇，高兴得指指点点，没有了视觉能力。 而有的学生盯着那幅画看了看，然后拿作业本写作业。

过了十分钟，我发现有将近五分之一的孩子坐在那里发呆。我问他们怎么不写作业。这些学生说："写什么啊？老师你没告诉我啊。"

接着我又做了一项测试来测试听觉能力。我对大家说："好吧。既然大家都没有写作业，那就不写了。"说完，我压低了声音说："但是大家要画一幅画。随便画。"

我仔细观察学生们的表现，又有五分之一的孩子，居然坐在那里说笑、玩耍。等到问他们怎么还不动笔，他们很理直气壮地说："老师，你不是不让写作业吗？你让我干什么呢？"

【心理测试小知识】

我给学生们的测试是开放型的问卷形式。让他们写出自己最喜欢的学习方式，也写出自己的一些习惯，包括课堂上自己控制不了的小动作。

结果显示大部分孩子习惯听讲、看黑板这种传统的学习方式，但有一部分孩子总是控制不了做小动作的欲望。他们要么随便走动，要么晃动身体，要么手里拿着一个东西把玩。自己也想改掉这个"毛病"，但似乎收效甚微。这就证明了注意的要素除了视觉、听觉，还包括了运动觉和触觉等其他感觉。

心理分析　通过刚才的两个小测试，我们可以看到，有的孩子视觉注意灵敏，有的孩子听觉注意更好。视觉注意强的孩子，注意就发展出了深度和广度。他们被自己感兴趣的图画吸引，可以动用注意力观看，同时也可以看到那些小字；听觉注意强的孩子，听觉也发展出了主动性和可持续性。他（她）可以在听完自己最想听的话语之后，又控制自己接着听下去。

而另一类孩子表现就没有那么好了。他们的注意力都属于没有发育良好的，缺乏深度和稳定性——只看到一半，或者只听到一半。不能深入地观察和倾听，导致孩子认错东西，听错消息。注意影响到其他心理活动的品质，这是显而易见的。因为观察力、记忆力、思考力、判断力依赖从注意力而形成和发展。

那么，孩子的注意力到底是如何形成的呢？我们该如何提高孩子的注意力呢？

○ 结论及对策

注意是心理发展的基础，也是智力的开端。每一个孩子都有自己不同的注意方式，也有自己习惯使用的注意感官。感官又有内外之分，不可以一概而论好和坏，而是要看是否适合自己的孩子。因此，家长应做到如下几点：

1. 尊重孩子的注意形式，不强加干涉。尤其在孩子写作业的时候，不要在旁边指手画脚，影响注意品质的发展。

2. 训练孩子的各种注意力。比如，听广播，做看画面、猜人物说什么的游戏等。

3. 刺激、训练孩子的内感觉，比如，经常暗示孩子视力很好，听觉也好，鼓励孩子利用自己的内感官。

○ 能量环的使用方法及步骤

1. 在孩子佩戴能量环的时候，暗示孩子的眼睛将会变得明亮，耳朵也会很好使，听声音看东西都会有感觉。然后自发地和孩子亲近，不评判孩子的对错。

2. 家长佩戴上能量环，要暗示自己孩子将会逐渐变得快乐，相信孩子会慢慢找到自己的方向。同时还要让孩子和自己一起互动，做庆贺游戏。

3. 佩戴能量环之后，要让双方的关系出现实质性的改变。不要无端地指责孩子，更不要武断地给孩子下结论。尤其是上课听讲这个环节，不要妄断孩子。

心灵手记7:情绪需要管理

孩子的情感，是随着个人好恶逐渐发展起来的，他们看待别人，往往缺乏客观性，容易陷入自己的立场。比如，一个孩子说某个孩子好，那可能因为对方给了他（她）好吃的东西，或者和他（她）有某种交换。

当孩子体验父母的爱时，也往往是从自身出发，如果父母不能满足他们的愿望，他们无法获得内心的满足，就会陷入对父母的埋怨和疏远，转而投入到另一份情感的漩涡中。 早恋的孩子就是如此。

良好的情感发展，是衡量孩子心理健康的标尺。 当一个孩子能够客观评价他人，不掺杂妒忌之心，学习别人的长处，多看光明积极的一面，未来也就可以发展出健全而富有魅力的人格。 而情绪则是情感的外化，情绪的积累会形成情感的形态，换句话说，孩子的情感发展，需要从情绪的角度来进行疏导，这也就是我提到的情绪管理。

为了做到有的放矢，我按照惯例，首先给孩子进行情感方面的测试，把握不同孩子的情感发展特点。

【心理小测试】

这次进行的是问卷式测试，共设置了十个开放式问题。 分别对父母情感、同学交往情感、兄弟姐妹情感做了测试。

【测试结果】

为了方便家长朋友分析使用，特将测试结果分为两类。

⅄ 宽容大度的情感模式，兼收并蓄

1. 如果爸爸妈妈因为误会而骂你或者打你，你会怎么评价他们？ 为什么？

答：我会觉得爸爸妈妈也不是有意的，我还会爱他们的。

2. 如果爸爸妈妈经常给小弟弟、妹妹买东西，你会怎么想？ 为什么？

答：我会觉得没什么。 因为他们小，需要照顾。

3. 在家中你的弟弟或者妹妹经常抢你的东西，你还会喜欢他（她）吗？ 为什么？

答：会的。 只要比我小的，都需要照顾他们，让着他们。

4. 如果有一天你的同学在背后说你的坏话，你会选择和他交往吗？ 为什么？

答：我还会的。 只要他们说的是我的缺点，是事实，我也没有什么理由埋怨别人的。

5. 班级选举的时候，你的朋友并没有别人优秀，可是他为拉选票给你零

食，你会选他吗？ 为什么？

答：我要看情况。 如果我的朋友成绩不优秀，但是关心别人，团结同学，我还是要选他的。 但是如果他什么都不行，我就不选他了。

6.好朋友向老师揭发你的错误，这时候你还会觉得他（她）是你的朋友吗？ 为什么？

答：会的。 因为他（她）能够真心帮助我改正错误，所以我还是当他（她）是我的好友。

7.老师经常表扬你的朋友，你会怎么看待这个朋友？ 为什么？

答：我会替他高兴，多多向他请教。 因为他比我得到的表扬多，他可能做得比我好。

8.别人不小心撞了你或者踩到你，你当时是怎么做的？ 请说说当时心里怎么想的。

答：我当时什么也没有做。 心里有些生气，不过很快就过去了。 我觉得没什么，谁都有这样的错误。

9.当你难过的时候，你怎么办呢？ 为什么？

答：我难过就会看书，或者是写日记，也会找朋友去玩。 因为一个人闷着，会越加难过的。

10.当你愤怒的时候，你怎么办？ 结果怎么样？

答：我愤怒的时候会唱歌，或者是跳舞。 结果很快就忘记了愤怒。

心理分析　从这类学生的心理问卷中，可以看到，这些孩子宽容，大度，能从积极良好的角度考虑分析问题，公正，律己。 同时也有兼收并蓄的胸怀，能够管理自己的情绪，不让情绪影响自己的情感发展，心理的发展有一个良性的循环。

狭隘自私的情感模式，妒忌虚荣

1.如果爸爸妈妈因为误会而骂你或者打你，你会怎么评价他们？ 为什么？

答：我会觉得爸爸妈妈不喜欢我，他们根本就是讨厌我。 因为我在他们眼里从来就没有优点。

2.如果爸爸妈妈经常给小弟弟、妹妹买东西，你会怎么想？ 为什么？

答：我会觉得很难过。 如果没有弟弟妹妹，这些东西应该都是我的。

3.在家中你的弟弟或者妹妹经常抢你的东西，你还会喜欢他（她）吗？为什么？

答：可能不会喜欢他们的。 因为他们有爸爸妈妈喜欢，东西都是尽着他们，不需要我照顾他们，我不想让着他们。

4.如果有一天你的同学在背后说你的坏话，你会选择和他交往吗？ 为什么？

答：我可能不会的。 因为他们总是说我的坏话，这样的朋友就是个叛徒，让所有人都讨厌的。

5.班级选举的时候，你的朋友并没有别人优秀，可是他为拉选票给你零食，你会选他吗？ 为什么？

答：会选他的，因为他给了我东西吃，要是不选的话，朋友可能就会骂我的，我也无法跟他再做朋友了。

6.好朋友向老师揭发你的错误，这时候你还会觉得他（她）是你的朋友吗？ 为什么？

答：我可能不会当他（她）是朋友。 因为他（她）就知道给老师告密，以出卖别人来换取自己的荣誉。 根本不帮我的忙。

7.老师经常表扬你的朋友，你会怎么看待这个朋友？ 为什么？

答：我心里会有些失落。 因为他比我好，别人就会夸他，让我好没有面子。

8.别人不小心撞了你或者踩到你，你当时是怎么做的？ 请说说当时心里怎么想的。

答：我当时会骂他（她）或打他（她）。 谁让他（她）不长眼睛，走路都乱撞人。

9.当你难过的时候，你怎么办呢？ 为什么？

答：我难过就会买零食吃，或者到爸妈那里要钱，或者看电视。 最好能跟人打一架。 或者吵架。

10.当你愤怒的时候，你怎么办？ 结果怎么样？

答：愤怒的时候，就大声地叫，大声地跳。 别人难受了，我才会不再愤怒。

心理分析　在这类孩子的心理问卷中，我们可以看到内心情感的狭隘自私，妒忌虚伪。尤其是情绪管理方面，一旦出了问题，这些孩子就怨天尤人，把错误往别人身上推，将痛苦向他人身上转移和投射，得理不饶人。

○ 结论及对策

通过这个测试，可以了解孩子在情感和情绪方面的发展情况。有的孩子宽容大度，能主动化解内心的愤怒和不良情绪。能很快适应环境，和别人和平相处。

这类孩子家长应该多鼓励他们，持支持态度，不过分包办。

而第二类孩子的问题很突出。主要表现在情绪管理和情感发展上，缺乏乐观积极的一面，考虑问题从自我出发，容易陷入偏执、狭隘的消极模式中，造成无法与人相处、不能善待他人、人际沟通出现障碍等情况。

这类孩子家长要格外注意：

1. 在生活中，多鼓励孩子，给他们正面的积极的内心暗示。

2. 带着孩子多出去接触别人，自己也给孩子做好榜样，不要在孩子面前议论他人，更不要诽谤他人。

3. 多找些积极的图书、电视剧或者动画片来进行渗透教育。

○ 能量环的使用方法及步骤

1. 佩戴能量环之前，要告诉孩子，戴在右手上，就代表自己打开了管理快乐情绪的按钮。眼前就是一片灿烂。

2. 如果戴在左手上，就代表自己落入了黑暗之中，不能主宰自己的情绪，成为情绪的奴隶。

3. 让孩子和自己互动，做警戒游戏，了解对方是否出现黑暗情绪。大家互相监督。

4. 注意保持心平气和的态度。不要指责对方。

心灵手记 8：你为什么活着

那天办公室里站了几个孩子。 不用说，毛病多多。 不上课，上课乱说乱动，下课还动手打人。 或者是抄别人的作业。 甚至有些孩子作业也懒得抄，索性就差到底，连作业都不用写，坐在教室里装失忆：你让写作业，他说没有作业本；你给他找来作业本，他说没有写字的笔；你给他找来写字的笔，他说没有课本。 总之，你有一个要求，他就有一万个理由等着你。 孙悟空的七十二般变化，到他那里都有黔驴技穷之嫌。

老师对付这些学生的方法很简单。 罚站是其中最常用的一种。 不过，结果证明是无效的。 我看见办公室里的这些孩子，刚开始还低着头，慢慢地，连立正的姿势也不做了。 干脆坐在地上，几个人一块拿手里的玩具做游戏，玩得十分高兴。

我问其中一个学生："你站在这儿干嘛？"

这个学生很不以为然地说道："还不是老师让来？"

听他这反问的口气，说明早就司空见惯这种待遇了。 过不多久，老师打电话让家长过来了。 家长上来劈头盖脸就是一顿好批。

这个时候，我常常会想：面对孩子的问题，为什么我们不能冷静下来，设计不同的教育方案呢？

孩子都是父母的心头肉，作为家长无一不对孩子充满疼爱之心，可是各位父母又是如何爱的呢？ "打骂"能称为爱吗？ 不管出发点如何。

如果你真的爱孩子，请拿出勇气来，给孩子一点鼓励，一点安慰。 别让他（她）在老师的轰炸下，在你的暴风骤雨中恐惧吧。 请记住，这时候你的一点温情，可以带给孩子一生的感激和力量！

几乎每年接手新班级，总会遇到这样的孩子：不知道自己要什么，不知道自己喜欢什么，无论是学习，还是生活，常常做得一塌糊涂。 学习没学好，玩也没有玩好，让父母和老师头疼不已。

面对这些孩子，我们总会归咎于他们的智力，说他们太笨；或者是归咎于家庭境遇，说他们缺乏管教。 不管是何种原因，这些孩子活得死气沉沉，没有勃勃的生气不说，还显得格格不入。 有时候叛逆，固执，蛮不讲理，有时候又赖在家里，一步都不愿意离开父母。

其实这些不是问题。 问题在于，孩子的成长缺乏内驱力。 这就好像是一部车子，如果内部的发动机系统出了故障，想要这部车子往前奔跑，恐怕是不太可能的。 况且，对于孩子来说，自己为什么要学习，为什么要听父母的话，为什么要做个乖孩子，这些他们都没有弄清楚。 在没有弄清楚之前，孩子不愿意盲从，不愿意按部就班地因循过去的模式，问题由此就出来了。

有的父母为了更好地管教孩子，因循了很多的模式和理由。 比如，天天在孩子的耳边啰嗦，说不学习就不能找到工作，不能找到工作，就不能生活，就会变成街上的疯子；比如，当孩子小时候不听从他们的指挥，就会借用另一种威胁的模式，说不爱孩子了，不要孩子了，把孩子送到深山老林里，关进黑屋子里，卖给别人，永远都别想见到父母，等等方法，不一而足，但总与威胁、暴力有关，虽然这暴力看起来还带着一种柔情。

这些方法，或许是有效的，孩子的确都变乖了一些。 可是，我们不要忽略了，威胁永远都是一把双刃剑。 当孩子服从的时候，他（她）首先是从恐惧出发的。 那些威胁的言辞，多少是带着些暴力的色彩，或多或少会在他们的心灵中留下痕迹。 所以，我们会看到，这个孩子暂时看起来的确变得乖觉了，但行为的反差也间歇性地出现了——有时候沉默寡言，有时候恶语相向，更甚的是，他们会暴怒无常，莫名其妙，让大人无从捉摸。

这就是过早陷入恐惧的孩子敏感多疑性格的雏形。

在这种家长和孩子的心灵模式中，明显缺乏一种动力，那就是缺乏对生存的价值感的探索，缺乏积极向上探索的动力，失却了螺旋状心灵上升的能量推动。这就涉及以下问题：活着是为了什么？ 活着有什么意义？ 我这个生命，对于这个世界来说，意味着什么？

这些问题如果早早出现在一个个体的生命中，孩子就会相信，他（她）将不仅仅限于父母的那些说辞，他（她）的生命远可以被自己操控，远可以因为自己的决定而有所改变，而不是像父母的说辞那样，让他们无所适从，恐惧害怕，一语成瘾。

　　当一个孩子唯唯诺诺，听从父母的指手画脚而没有还口之力的时候，我们作为家长，难道不觉得这对孩子来说是不公平的吗？假设一个孩子一直活在大人的阴影中，他（她）的生命还有多少意义呢？他（她）来到这个世间，连自己的价值都不知道，也不知道自己该从哪个方向着手生命的攀升，他（她）怎么能获得快乐？怎么能算是成功的呢？

【心理小测试】

　　这次问卷调查问题很简单，设置了六个开放型的问题，内容涉及生活、学习、自我能力、自我价值观和自我认知五个方面：

　　1. 你平时喜欢做什么事情？为什么？

　　2. 你渴望长大吗？为什么？

　　3. 你喜欢你现在的生活吗？为什么？

　　4. 你觉得你活着是为了什么？

　　5. 你如果失踪了，你觉得家里人会怎么样？

　　6. 你觉得自己重要吗？为什么？

　　我进行的是差异性分类调查。先将问卷发给那些行为反差多一些的孩子填写，然后再给相对来说很优秀的孩子填写。结果大相径庭。

【测试结果】

↘ 我不知道活着为了什么

　　在这些学生的答案中，我们可以看懂他们的内心，其实就是茫然。

　　以下摘录部分答案：

　　1. 我好像什么都喜欢，也好像什么都不喜欢。因为做什么都很无聊。

　　2. 我不喜欢长大，长大会有好多麻烦的事情。我不知道该怎么做。

　　3. 我不喜欢现在的生活，可是我不敢说出来。因为我害怕被别人抛弃。

　　4. 我不知道活着为了什么。

　　5. 我如果失踪，我觉得家里人不会难过。因为他们从来都不爱我。

　　6. 我不重要。因为我很笨，也很惹人讨厌。

↘ 我活着是为了学会快乐

在这类孩子的心中，几乎都没有失败的字眼。 他们的内心充满阳光，那是因为，他们一直在寻找快乐。

以下摘录部分答案：

1. 我喜欢唱歌，跳舞，画画。 因为做这些让我快乐。

2. 我喜欢长大。 长大了可以找到更多的快乐，可以学会做很多的事情。

3. 我喜欢现在的生活。 因为一切太有趣了。

4. 我活着就为了学习，让自己变得聪明起来，找到更多的快乐和幸福。

5. 我如果失踪，我觉得父母老师会很难过。 因为我是他们最爱的人。

6. 我很重要。 因为我可以帮助爸爸妈妈做很多事情。

○ 结论及对策

通过以上的问卷调查，不难看出两种不同的人生意义。 一种意气风发，充满朝气，一种迷茫无助，不知所措。 这样两种人生观，到底该如何引导呢？ 以下是对家长的几点建议。

迷茫型的孩子。 这些孩子心灵形成的原因显而易见，是由于家庭负面情绪的影响，日积月累形成了一种生活的模式。 要想引导孩子突破这种心理困扰，就必须从正面积极的人生价值观开始。 可以着手从这几个方面展开行动：

1. 多鼓励孩子，改变自己的口头语，不侮辱孩子。

2. 不过分关注孩子的错误，采取淡化的方法。

3. 多陪伴孩子，重新定义孩子。

4. 不轻易批评孩子。

5. 对孩子要学会微笑。

6. 轻易不要给孩子下结论性的否定语言。 比如，你真笨，这孩子就是写不好字，这孩子就是学习差，等等。

7. 要留给孩子足够的空间和时间，包容他们的错误。 不增加负面的能量给他。

快乐型的孩子。 这类孩子不缺乏内心能量，所以，身为家长，应该以朋友的身份来与他们沟通，以求共同成长。 可以着手从以下几个方面展开行动：

1. 多给一些机会，放手让孩子去做。

2. 不要过分阻拦孩子。

3. 听从他们的意见，不要抱着老观念。

4. 要放手让孩子尝试，包容他们的失误。

5. 如果出现问题，要一起承担。

6. 千万不要打击他们的积极性。

○ 能量环的使用方法及步骤

1. 戴着能量环，家长和孩子要有一个共同的信念：无论何时何地，永不放弃，永不抛弃！

2. 戴着能量环，家长要和孩子一起，向着自己内心宣誓：为了快乐和幸福，为了活出自己的风采，绝不强加自己的意志给对方！

3. 戴着能量环，要和孩子一起做到：发现孩子的某项爱好，鼓励孩子对自己的爱好有深入研究和学习，做不到的家长请自觉将能量环移至另一只手。

心灵手记9：关于朋友的定义

上课讲到了一个关于朋友的故事。 说的是一个男孩得了艾滋病，当大家都抛弃他的时候，只有一个朋友站出来，给了他最真诚的友谊，陪伴着他一直到他幸福地死去。 学生们听完都非常感动。

我发问："你们觉得朋友是什么呢？"

很多学生都七嘴八舌地回答："是自己最需要的人。"

这句话出自这些十一二岁的少年之口，让我吃惊。 但是很快就释然了。

是的，每个人都有自己心灵需要的一个朋友。 这个朋友是你最孤单时的伴侣，是你成长路上的明灯。

可是还是有一群这样的朋友，在你迷失的时候，在你选择逃避的时候，他们会助纣为虐，会拉着你逃避，直到你失去人生的方向，找不到真正的自己。

每次班上有孩子逃学，基本上都会牵扯出几个人来。 在逃学的孩子眼中，这几个人是他的朋友。

【孩子交友的故事】

冬天来得匆忙，转眼间气温已经很低。

刚刚的家长过来找我，说刚刚经常在网吧里玩，而且还交了一帮很特殊的朋友。他们一起旷课，到处闲逛，在外面无所事事，会惹来一些麻烦，看起来很危险。

我把刚刚叫过来，想问问情况。

我问："听说你最近有很多好朋友。能不能给我介绍认识啊？"

刚刚本能地警觉起来，他的目光躲闪着，说道："没有，我没有朋友。"

我知道他是在逃避问题。

我说："交朋友是好事情。一个朋友，能够帮助自己找到快乐，你应该感到高兴，感到自豪才对。"

刚刚没有说话。但是看得出来，他的态度有所缓和，不再有那种本能的抵触。

我说道："既然你已经有朋友了，那就不需要老师这个朋友了。我就不再和你分享我的快乐了。"刚刚惊讶地望着我，大概没有想到我会这样说。

过了一会儿，刚刚说："老师，谢谢你当我是朋友。"

我笑了："我也谢谢你啊。你当我是朋友，我就又交到一个很义气的朋友了。你看，你对朋友的情况还那么保密。下次你跟别人，也会保密我吧。"

刚刚笑了。

我给他讲了自己交朋友的故事。他听得很认真，不时地问我："老师，你的朋友为什么都愿意帮助你呢？"

我回答："不是他们愿意帮助我，而是因为我有能量帮助他们啊。"

刚刚有些不理解了，好奇地问："能量？什么能量？"

我说："你想一想，如果你的朋友天天不上学，你愿意要这样的朋友吗？"

刚刚摇头，但最后又犹豫了，他说道："可是，他曾经在我最孤单的时候，给我带来过快乐。"

我点头说道："你说的没错。朋友在最孤单的时候，给自己带来快乐，是一件多么难得的事情。可是，你有没有想过，你最孤单的时候，是因为什么孤单？"

刚刚想了想，说道："是因为逃学，因为没有人玩。"

我点头说道："嗯，你是因为逃学，父母都疏远你，老师也不喜欢你。这个时候，你感觉很难过，对吗？"

刚刚点头。

我说道："你最难过的时候，就好比是一个瓶子，打开了盖子。打开了盖子的瓶子，你想想看，会发生什么情况？"

刚刚说："会有空气进去。"

我点头，赞许地说道："你说得很对。空气一定会进到这个敞开的瓶子里。那么，空气里会有什么呢？"

刚刚回答："会有好的和坏的东西。"

我回答道："是的。你说得很对啊。那么，你想一想，如何才能判断空气里的坏东西呢？"

刚刚想了想，毫不迟疑地回答道："坏的东西，可以让瓶子里的东西发霉、腐烂。"

我点头，赞赏地望着他，说道："你想一想，这一点像不像有些朋友？"

刚刚想了一会儿，点头说道："嗯。老师，我知道了。"

我呵呵笑道："好啊。你既然已经明白了朋友的道理，我想请你帮我一个忙。"

刚刚高兴地问道："好。什么忙？你说，我一定帮。"

我看他很感兴趣的样子，说道："很简单，请给朋友下一个定义。对你来说，朋友是什么？"

他想了想，说："朋友是广口瓶子里的空气，有时候会出来好的，有时候会出来坏的。"

我为他感到由衷的高兴，笑道："你很聪明，也很有悟性。你说得很对。不过……"说到这里，我停住了话头。

刚刚赶紧说："老师你说下去。"

我说："不过，你得有勇气去拿掉坏的，保存好的。你懂我的意思吗？"

刚刚用力地点点头。

心理分析　在这个案例中，我们可以看到，对孩子交朋友的干涉，是需要策略的。

当孩子一旦将某人当做朋友的时候，从心理上来说，他（她）首先就和这个朋友站在了一个水平线上。家长要拒绝他（她）的这个朋友，从某种程度上，就是拒绝了他，是对他的不接受。这就难怪有些孩子会为了朋友，不惜和父母大动干戈，闹出一些矛盾来。

○ 结论及对策

那么该怎么和孩子就朋友这个话题进行沟通呢？以下的建议，希望能给家长朋友们一些帮助：

1. 首先分析孩子的心灵因素，他（她）为什么要交这样的朋友？找出他（她）心灵的敞口期。也就是说，他（她）缺乏什么？缺乏关爱？缺乏自信？缺乏交流？等等。找到这个因素之后，谨防孩子被一些假象所吸引。比如，有些孩子就是因为缺乏自信，所以会寻找那些爱打人或者爱惹麻烦的孩子交朋友，用以满足内心的这种需求。其实这种需求只是他（她）的下意识而已，孩子并不能自知，这个时候，就需要家长进行积极的引导和干预。

2. 物以类聚，人以群分。以这个标准来衡量自己孩子的交际，就可以找到孩子的问题。他（她）的朋友就是一面镜子，可以真实地表现出他（她）当时的心灵状况，也可以扫描出家长对待孩子方面的某些缺失。 比如，当孩子不加选择地交朋友，那说明他（她）在家庭中过于封闭，需要找到一个出口。 这个时候，家长就要尊重孩子的需求，因势利导地创造环境，让孩子和一些积极向上的朋友交往。

3. 积极肯定孩子交朋友的这种社会交际行为。 这一点是所有家长都应该认识的。 孩子的成长，除了父母之外，他（她）还需要有另外的空间，这个空间是适合他（她）自己的，与自己的内心现状相契合的，同时又是可以相伴经历风雨、共同成长的。 所以，朋友就成为这个空间里最珍贵的财富，孩子甚至都不愿意和父母一起分享。 我们应该尊重孩子的选择，不能强加给他们外力的干扰。

4. 肯定孩子的朋友，就是肯定孩子自己。 有些孩子就是因为交了好的朋友，才有了改变。 他（她）其实并不是因为朋友让他（她）这样做，而是受到朋友的感染，自发地去做，然后才慢慢体会到向上的力量。 因此，我们侧面肯定孩子的朋友，就可以让孩子产生向心力，起到一种潜意识的暗示作用。

5. 不要轻易贬低孩子的朋友，要引导孩子积极看待与朋友的纠纷。 有些孩子和朋友之间，也可能会出现矛盾，这个时候家长不要强加干涉，尤其不要妄自评判对错。 毕竟这是孩子的事情，是孩子的心灵世界里的一点风波而已，应该由他们自己来化解。

6. 留给孩子空间，让他们自行和朋友交往。 这点是家长必须要注意的。 可能有些家长爱子心切，过分呵护孩子，坚持不放手，那么这个孩子的包容度、宽容心就会发育不完全，容易导致孩子狭隘、偏执、自私等不良的性格因素。

◯ 能量环的使用方法及步骤

1. 让孩子右手戴上能量环，让他（她）想象一下，和朋友聊天、和朋友一起写作业的情景。 让他（她）细心体会好的朋友带给自己的内心感受。

2. 家长戴上能量环，体会自己和孩子做好朋友，一起轻松聊天的快乐。 积累亲子互动的幸福感觉。

3. 让孩子留住和好朋友一起进步快乐的感觉，就让能量环戴在右手上。 如果出现问题，和朋友为了一点小事闹矛盾，就把能量环调换到左手上面。

4. 家长也要细心观察自己，是否也有和孩子闹意见的时候，与此同时将能量环调整到左手上。 等到情绪稳定，又恢复朋友关系的时候再调换到右手上。

心灵手记10：发现未知的自己

下课之后，经常会有孩子和我聊天。

有次朵朵问我："老师，你小时候是不是很聪明呢？"

我没有回答她，而是笑了笑问她："你觉得老师现在聪明吗？"

她笑了，回答道："是的呀。我就是觉得你现在很聪明，小时候一定也很了不起。"

我摇头，说道："不是的呀。我小时候其实不太聪明的。那时候，还没有你的成绩好呢。"

朵朵好奇地问道："哦，那后来你怎么变成现在这样呢？"

我神秘地笑道："后来我找到了一个秘密的我。那个我，是无所不能的，什么都可以做到，什么都不怕，只要心里想做，就一定可以做到的。"

"是吗？那，你能把这个秘密告诉我吗？"朵朵迫不及待地问。

我笑着说："我可以把这个秘密告诉你，不过我想问你，你相信有这样的秘密吗？"

朵朵想了想，说："我不太相信吧。"

我问她："为什么不相信呢？你心里想做某件事的话，难道不相信自己可以做到吗？"

朵朵想了一会儿，才回答我说："我想做的事情，有时候不能做，所以我不知道能不能做到。"

我就问她："那你想做什么事情不能做呢？"

朵朵很认真地说："我想做一个聪明的人，能帮助别人。"

我问："那既然你想做，就去做吧。"

朵朵摇头说道："不行啊。我不是一个聪明的人。"

她的话让我有些担忧。我问道："你怎么会认为你不聪明呢？"

朵朵说："我妈妈常说我笨，还有以前的老师，看我的错题很多，经常会说我是差生。"

我问："那么，你能告诉我，在你的心目中，你是什么样的人呢？"

朵朵想了想，回答我说："我是个不听话的孩子，脑子也不太聪明。妈妈说我有时候做事很慢。"

我问："你觉得你妈妈说得对吗？"

朵朵说："恩，我觉得妈妈说得对。"

我又问："你知道你是谁吗？"

朵朵好奇地问道："老师，我怎么不知道呢？"说完，她写了自己的名字给我。

我摇头说道："不，你写的名字，并不是你。它只是一个符号。你可以叫这个，我也可以叫你的名字。每个人都有三个自己，一个是聪明而自由的自己，一个是想努力做到最好的自己，一个是无法无天的自己。"

朵朵有些疑惑地问道："那到底哪一个才是真正的自己呢？"

我笑道："那个聪明的自己，就是真正的自己。我小时候就是找到了这个自己，才会有现在的结果。"

朵朵似乎明白了，但是还有些不相信，问道："那为什么妈妈总会说我笨呢？"

我笑道："你妈妈，包括老师、长辈说你笨，并不代表你的未来，也不代表你的一切。因为，你的内在自己是聪明自由的。只要你把这个自己找出来，帮助你就行了。你就会忘掉他们对你的评价了。"

朵朵点头，说道："哦，这就是你的秘密吗？"

我回答道："是的。我每天都对那个聪明而自由的自己说，帮我实现梦想。结果就会心想事成。因为我是快乐的。每个人都是聪明而自由的自己，只不过，因为慢慢长大，大人们会不停地啰嗦，有时候那个无法无天的自己，会在一边捣乱，结果就把这个聪明而自由的自己，弄丢了，找不到了。"

朵朵恍然大悟："哦，我小时候做错事的时候，妈妈总会骂我很笨，老是给家里找麻烦。我最害怕叫家长了，可是老师偏偏总要把家长找来，最后他们都会骂我。我就越来越害怕。"

我点头说道："因为你很害怕，所以那个聪明的自己才会躲藏起来。现在，你要轻松下来，找到这个自己，你就会什么都不怕了。"

朵朵重重地点头，但是有些担忧："可是，还有人会骂我笨怎么办呢？"

我笑了笑，说道："你闭上眼睛，每天都告诉自己，我是最聪明的，然后找好最聪明的感觉，再去学习，你试试看是不是有效果。"

朵朵欢天喜地地走了。

过了一段时间，她的表现果然有了变化。到学期结束的时候，成绩居然跑到了前十名。

心理分析　朵朵在班级里边，成绩属于中下等。实际上，我从不愿意用那些所谓的成绩来给他们排队或者划分等级。然而，学生们的生存现状却是不容乐观的。就算是老师不为他们排队，他们的父母也会排队，他们自己也会排队。排队之后，就会分出好和坏，分出优和劣，这样下来，就会给他们幼小的心灵带来困扰，烦恼和抱怨就由此而生。而孩子们就会面临迷失自我的现状，作为老师，作为家长，就应该从心理上进行疏导，解除孩子的困扰。

我是谁？这是每个人来到这个世界之后都要面对的问题，只不过那些睿智的哲学大师们思考得更加深入、更加富有价值而已。

这个问题，毋庸置疑，不管人们有没有刻意地思考它，它都在引导着人们走到生命的尽头。卑微的人，觉得自己是渺小的；自信的人，觉得自己是无所不能的；小心翼翼地活在别人世界的人，始终都看不见自己的能量，亦步亦趋，走在别人的影子里。

一个人对生命的思考，其实是可以贯穿一生的。当我们决定要做某项事业的时候，因为我们相信自己可以做好，所以我们会用全身的力量，动用自己的所有智慧来营造这个梦想，做深入和透彻的思考。反之，一开始就不相信自己，哪里还会有力量行动呢？

这一切的根源就在于，我们必须要知道自己是谁，从哪里来。我们相信自己是聪明而万能的，那么我们就不会被外界的阻力所累，更不会被外界的讽刺、挖苦等负面的东西打倒；我们不知道自己是谁，就只有听着外面的评价，别人说好，自己就好，别人说差，自己就差。

对于每个孩子来说，需要我们做的，原本并不是太多。除了小时候的衣食住行，到孩子可以上学、有独立意识的时候，我们要做的，仅仅是帮助他（她）找到真正的自己，管理自己，就可以了。可惜，我们常常会本末倒置，从小事上斤斤计较，从细枝末节上苛求完美，在宏观上却阻碍了孩子对自己的评价。这是多么得不偿失啊！

○ 给家长的善意短信

我是谁？

家长朋友不要以为这个问题有多么艰涩深奥。其实很简单。

如果你想要和孩子共同分享的话，你可以通过一个故事的载体，讲给你的孩子，然后两个人一起交流，彼此讨论，最后达到共鸣。

你也将会看到未来孩子的变化——找到真正的自己。你可以在任何时候告诉孩子，他（她）有一个不用担忧、不用难过的聪明自由的自己，在实践中鼓励孩子找到那个聪明自由的自己，等待你的将会是美好的奇迹。

请试一试，每个父母，每个孩子，在真爱的沐浴之下，我们完全都可以做到这一点！

○ 能量环的使用方法及步骤

1. 让孩子佩戴能量环，告诉孩子，因为他（她）是万物之灵长，只要相信自己，就可以让能量释放出来，帮助自己。而这个能量环就是他（她）力量的象征。

2. 家长佩戴能量环，提醒自己鼓励孩子发现更好的自己，给孩子正面引导。

3. 如果出现负面的情况，孩子不相信自己，父母贬低孩子，不认同孩子的能力，这个时候就将能量环调整到另一只手上，等到感觉自己有无穷的能量的时候，再把能量环调整到右手上。

心灵手记11：你为什么读书

很多家长都会给孩子讲读书的好处，教育孩子好好学习。而读书的用处，从上大学，到找工作，甚至是安身立命都涵盖在内了。读书就这样成了一件十分重大的事情，大到不读书就会死人的地步。

但是父母苦口婆心讲的这些道理对孩子来说是不是真的正确呢？

【心理小测试】

在课堂上，我问了孩子们一个问题："你为什么读书上学呢？"

孩子们的答案五花八门。亮亮回答："我读书，是为了让妈妈不再辛苦工作。"

我不禁问亮亮："那你想让妈妈过什么日子呢？"

亮亮回答："我想让妈妈不上班，天天待在家里，我给她好多钱花。"

不能不说亮亮很孝顺。但是值得思考的是，如果幸福就意味着不用工作，不用做事，那么这个幸福的概念，未免太没有价值了。亮亮的妈妈如果天天这样来教育自己的孩子，目的就是为了解脱自己的辛苦，那么亮亮一生的价值到底是什么呢？是一直活在妈妈辛劳的阴影里吗？

"你这样并不是让妈妈快乐。你妈妈喜欢上班，喜欢工作。虽然有时候辛苦，有时候疲惫，但是她有事做就会开心，就会找到价值。如果什么都不做，那不成了废物了吗？"我不认可地反问道。

亮亮没有说话，他想了想说："嗯。我要是没有事做，也会很难受的。"

在这个答案背后，我们看到，有些妈妈为了激发孩子的学习动力，无形中却带来了负面困扰。这种激励方法，显然是饮鸩止渴的——即便孩子当时为了这个目标学习，那么将来自己有了工作，也会将工作当做很辛苦的一件事，这样一来，心理就会有很大的负累，生活和工作必然不会有好的结果，根本也就谈不上幸福。

所以，在这里我想对家长朋友说，不要暗示孩子自己有多么辛苦，更不要为了让孩子好好读书，而将自己说得多么不容易。我们工作是因为我们愿意工作，为了寻找快乐而工作。没有哪个人真的喜欢不劳而获，那样的人生是毫无意义的。

【测试结果】

辛辛说："我读书是为了考大学，上北大、清华。"

我问："为什么要上北大、清华呢？"

辛辛回答说："因为这是名牌大学。妈妈说上了这些大学，才能有工作。"

我问："如果考不上这些大学，就没有机会吗？"

辛辛不容置疑地答道："对啊。我妈妈就是这样说的。她就是因为没有考上名牌，所以才给人家打工，没有幸福和快乐的。"

我问："打工有那么不好吗？"

辛辛说："妈妈说打工老是受人歧视。上了名牌，才会有自己的工作，才不会被人歧视。"

我不禁哑然了。

上名牌 =有工作 =不受人欺负 =快乐幸福。然而事实并非如此。我们都知道名牌大学并不能为我们带来工作，更不能让我们免于受欺辱，快乐和幸福的距离也不是上名牌能缩短的。能上名牌大学获得良好的教育固然好，不能上名牌大学却自食其力，获得与付出成正比也是一种幸福。

小强回答说："我上学是为了找到聪明的自己，学会快乐地帮助可以帮助的人做事。"

这个答案让我倍感欣慰。学习是什么？不就是为了找到聪明的自己吗？不就是让自己不再困惑，不再随波逐流、人云亦云吗？

从小强的回答中，我们不难看出，他的父母给了他多么宽松的环境，让他自己快乐地成长。在后来的家访中，我的想法也得到了证实。小强的父母十分重视对小强的教育，经常参考各种资料，对孩子的心灵教育做得很好。生活中勇于放手，不强加干涉，尽量让小强自己做决定。尤其在学习方面，总是以鼓励为主，正面积极地引导，给了孩子向上的力量，无形中培养出了他优秀的学习动机。

小强的性格也很好，成绩中等偏上，对学习有浓厚兴趣，情商发展很快。 在班级里人缘好，开朗乐观，做事积极主动，非常热心。

从这里我们可以看到，弄清为什么读书这个问题，就是找到孩子上学的动力。 如果孩子还是为了大人强加的理由来读书，那么相对来说，这个孩子就会陷入困境，最起码，他（她）是不快乐的。

女孩可可说："我上学是为了寻找快乐。 学到自己未知的东西，不是很快乐的事情吗？"

这个答案是多么的阳光啊。 为了快乐而学习，永远都不会觉得读书是一种负担，永远都不会觉得疲倦，这种单纯的想法，正是一个真正的学习者应该具有的。

○ 给家长的善意短信

现在的孩子之所以在学习上有压力，往往是因为学习是一种外力的附加，是社会强压在身上的。 读书学习其实没那么多为什么，不过是为了孩子发现自己，填充自己的好奇心，换句话说，就是为了好玩，为了快乐。

我的孩子 3 岁的时候，看见我写字，就非常羡慕，觉得好玩，就像拿起笔来写。 但是当我把笔给她，教她写字的时候，她却任凭你指手画脚，就是不愿意写。 这就适得其反了。

当一个孩子有兴趣去读书，那么他（她）学习的动力是持久的，是永不断裂的。 但是，如果我们费尽心机强迫孩子努力读书，其实都是一种强加的外力，奏效也只是暂时的，长远看来，只是徒劳而已。

○ 能量环的使用方法及步骤

1. 让孩子右手戴上能量环，内心感受获取知识的喜悦。 感到自己不同于从前。
2. 父母把能量环戴在右手，要暗示自己，孩子一天比一天长大，懂得的东西一天比一天多。 今天总要比昨天好，明天总要比今天好。
3. 父母要在能量环的调整中，感受自己对孩子的过度焦虑，对自己情绪有所警醒。

第 2 章
走进孩子的心灵世界

心灵手记 12：只要给我一点爱

男孩小路的学习不差，理解力良好，领悟东西也比较快。 如果能好好上课的话，成绩还可以。 他的朋友不多，在班里有些讨人嫌。 经常有人到老师那里"参"他。

小路喜欢动不动就在女生面前装大侠，一副无所畏惧的样子。 他说自己的理想就是做校园里的"大佬"。 从心理学上来讲，小路这种装腔作势的做派，其实就是一种自卑的表现。

后来因为抢低年级同学的钱，小路被学校开除。 这已是第五次被开除了，小路的父母为此焦头烂额，却无能无力。 几天后，我见到了小路。

他个子不高，身体看起来很瘦，像是营养不良，但整体上还是很精神的样子。 让我觉得很有特点的是他的眼神。 人们都说眼睛是心灵的窗户，我从他的眼睛里看到的东西很多，有迷茫、满不在乎、鄙夷、执拗，甚至是对老师的敌意。 他的脖子，总是那样歪向一个方向，这样一来，似乎连看人都是斜睨着眼睛，无论站在哪个方向，永远都是一副瞧不起人的模样。 而他站立的姿势更是奇特，身子是斜着的，朝向某一个方向，似乎随时准备着拔脚就跑。

小路就用这样的眼神看着我。 站立的姿势也是斜倚的，一副无所谓的态度。

我既没有教育他要学好，也没有提起开除的事情，只是微笑地望着他，让他坐下来。 小路警觉地望着我，充满意外。 当我伸手想要让他坐下来的时候，他明显过度警惕，手下意识地护住他的头。

我笑了，说道："你坐下来吧。 让我猜猜你的名字。"

小路充满敌意地说："不用猜的。 你是老师，自然什么都知道。"他的声音很冷淡，似乎早就司空见惯这种把戏，说完，并不看我，而是把目光投向窗外。

看来，小路是身经百战了。 从他超出同龄儿童的冷静态度里，我看得出来，小路将每一次和老师的交流，当成了一场交锋，一场战争，而他注定要做一个胜利者。

我知道，如果我也是高高在上的，一副想要和他较量的态度，那么我和他的交流也仅仅是增加他的战争经验而已。 所以，我最好的办法就是蹲下来，平视他的眼睛，平等对待他，走进他的内心里去。

他这样说话，我并不恼怒，只是微笑地说道："看来，你是久经沙场的老战士，心里是铜墙铁壁，谁都打不破的，对吗？"

小路没有说话，却放松了警惕。 我说："好吧。 我们不打破你的铜墙铁壁，你可以放心地躲在那里。 我们只是来说一个梦。 可以吧？"

小路一直没有说话。

"那我就当你是同意了。 我开始说了。"停顿片刻，我接着说，"我猜你昨晚一定做梦了。 你梦见你在奔跑，好像后面有什么在追赶着你。"我停下来，等着小路的反应。

小路望了我一眼，没有否认。 我接着说道："你跑得很快吗？"

小路望着我，似乎在怀疑我的身份，也或者在思考自己要不要投降。 他脸上的敌意明显少了，眼珠在转动。

我笑道："我猜，你是被狮子或者老虎在追赶着，所以你跑得很快，也很累吧？"

"我掉到水里了。"小路终于憋不住了，他望着我，有些紧张地说道。

我点头说道："嗯，我知道。 你会掉到水里，然后你要游泳，想要爬上来。 这样的梦，你会经常梦到。"

小路惊讶地问道："老师你怎么知道呢？"这个时候，我又看到一个正常的少年出现在眼前。 他对那些未知的东西，依然充满好奇，什么都可以问，都可以说。

我笑道："我研究心理学的呀。 怎么会不知道呢？ 其实，你做的事情，我都知道原因。 你没有错，错的是，有一个很怪的你在教你犯错。"

说完，我拿了一张纸来，并用笔在上面画起来。 小路好奇地走近我身边，他看着我的图画，惊讶地叫道："老师，你怎么也猜对了呀！"

我在纸上画了一个小男孩，然后说道："你看，这就是你的样子。 但是不要以为这就是你的全部。 其实，科学家研究发现，你的内心里有三个你自己。"

小路好奇地问道："那，为什么我会犯错呢？"

我继续用笔描绘了几下，说道："你有一个自己是聪明的，什么事情都愿意做。 还有一个自己，是什么事情都想随心所欲，不想听老师的话，不想听父母的话，就想无法无天。"

小路点头说道："嗯。 是。 我就是什么都不想做，就是想自由自在。"

我点头说道："想要自由自在没有错。 这是每个人都会有的。 所以，我们还有一个自己，就是来管束这个无法无天的自己的，这个自己可以让自己聪明，还可以让自己知道该做什么，不该做什么。 也就是做人们眼中的好人。"

小路的目光黯淡下来，很沮丧地说："可是我已经没有机会了。 他们都说我是个坏孩子。 反正我爸妈也不喜欢我。"

这才是问题的关键。 一个孩子的内心深处只要认为他遭受家庭的抛弃，那么，他就会放弃自己，破罐子破摔。

小路一开始并不是个"问题儿童"，相反，学习不错，也听话。 只是到了二年级，有次课堂上犯错误了，老师让叫家长，他爸妈不分青红皂白给他痛打了一顿。 从此以后，他痛恨上学，痛恨老师，痛恨父母。 从这，我们也找到了解决的办法，好孩子不是天生的，坏孩子也不是天生的。 后来我跟小路的家长沟通，希望他们转变思想，从爱孩子的角度出发，客观看待孩子的错误。 不要将事态看得很严重，小路还是个孩子，要细心呵护他的心灵，他还有很大的可塑性，有机会重新找到自己的方向。

小路的家长也很配合，此后和孩子好好交流，给孩子足够的关爱，最后这个孩子顺利上完了中学，考入一所高中。 在这之前，谁都认为他连小学都上不完。

○ 结论及对策

对于一个屡次犯错的孩子来说，与其说他是在犯错，不如说他是在通过一次次的故意找茬来换取内心的平衡，以弥补从家庭里得不到的爱。 他们想要通过自己的反差，来引起大人的注意，以此报复家长，让家长反思自己的行为。 而这些，并不是孩子完全明白的。 因此，家长应该做到如下几点：

1. 主动探寻孩子问题的缘由。 一个孩子出现反差的时候，他们并不知道自己行为的原因，也无法开诚布公地对家长说明。 这样一来，就使得家教成为一场探寻孩子内心的神奇之旅。 如果家长能够抱着这样一种态度，那么孩子就可能少走很多弯路。

2. 给孩子尊重和理解。 这就是真爱。 不抛弃不放弃，对孩子来说，这些尤为重要。

○ 能量环的使用方法及步骤

1. 对这类孩子，要让他戴着能量环。 告诉他，父母在心底里很爱他，只是平时不会表达。

2. 父母要戴上能量环，暗示自己，睡觉前要想象这样一幅爱心浓郁的画面：孩子和自己拥抱，向自己哭诉，还要想象孩子快乐地微笑。 如果想象成功，就将能量环戴在右手上，反之，调整到左手。

3. 连续做 21 天。 注意是睡前冥想练习。 通过调整能量环来配合冥想。

4. 让孩子也做这个冥想练习，配合能量环。 想象和父母热烈拥抱的画面。

心灵手记 13：为什么我那么笨

平常在课堂上的时候，我总是故意和学生们卖关子，以判断他们对自己的认识。 比如，1 + 1 = 2 这样简单的问题，我会变换表情，很生气地问道："你怎么会是这个答案？ 你觉得你说得对吗？"别以为这个问题是简单的小儿科，更不要以为所有的孩子都会肯定自己的答案。

在课堂上，面对我装腔作势的质问，不少孩子选择了思考一会儿。 甚至有的孩子会马上改口，说等于 3。 而我继续质问并配合严厉的表情，孩子可能会再次改口说等于 4。

这样的孩子也不是一个两个，而是普遍存在的现象。 我们权且将这类孩子归为一个类型，叫做犹豫型孩子。 犹豫并没有错，也不是什么大的问题，我们大可不必担心，关键是透过这个现象，我看到了目前在家教中存在的一种心理暗示的模式。

在孩子犹豫不决的背后，我们可以找到行为的根源，那就是来自父母的心理暗示。 在家庭教育中，我们经常会采用各种手段，来加强自己在孩子心目中的权威性。 久而久之，孩子就会怀疑自己的判断，往往从大人的愿望和角度出发，对家长的话言听计从，不敢反驳。 当然，这个行为模式本身并没有错，关键是，结果造成了他们放弃用自己的眼睛看世界，不用自己的头脑思考世界。

开家长会时，遇到小丽的家长。 她一来就关心地问起小丽的成绩，当得知小丽这次成绩不理想时，就心痛地说道："这个孩子实在是太笨了。 我就知道不管我多么努力，给她付出多少，都是没有用的。"她的想法叫我十分吃惊。 世界上的父母真是千奇百怪，这个妈妈居然认为可以用自己的付出，来和女儿的成绩做一个交换。 而当交换没有成功的时候，还可以将失败归结于孩子的笨。

小丽是个谨小慎微的女孩。 她说话的时候，总是要先看看对方的表情，从那里获得足够的信息之后，才会慢慢地说话，表达自己观点的时候，也常常不敢注视对方的眼睛，甚至不敢看对方的脸。 尤其是在课堂上，有好几次，我提问她，她说完答案之后，我会问她是否确认自己的答案是正确的，她总是会犹豫很久，明明是正确的，她也可能会因为我的暗示而终止自己的答案。

后来我有一次找机会和她交流。 她还以为我要批评她，走进办公室的时候，步伐迟疑着，站在离我很远的地方。

我招手叫她过来，笑道："你以为老师是老虎吗？ 难道会吃掉你？"

小丽低着头，不敢笑。 我走过去问道："你学习很努力的，平时玩吗？"

小丽抬头望着我的脸，小声说道："没有。 我妈妈说，我很笨，就要比别人多学习一点。"

我问道："那你每天有时间玩吗？"小丽说："没有。妈妈不会给我时间的。"

我问道："你那么听你妈妈的话，心里觉得委屈吗？"小丽不再低头了，望着我说道："学习不好，妈妈会很生气的。我不想让妈妈难过。"

我想起她妈妈当时拿到她成绩单时的表情，心里真的不知道是什么滋味。

我问道："你喜欢学习吗？"小丽点点头，但是很快就有些遗憾地说道："可是我太笨了。我真的很羡慕那些聪明人。我学东西总是很慢。"

我问："你怎么说自己很慢呢？能举个例子吗？"小丽说："每次妈妈问我问题，我总是要想好半天。其实，我心里是知道的，但是就不愿意跟她说。"

心理分析 小丽这种情况，是属于心性拖延。她不喜欢某个人，或者某个老师，她就拒绝回答。这证明她并不是真的笨，实际上她有好好学习的兴趣，可惜有不和谐的外力强加给她，使得她产生抗拒的心理。

而这个情况家长是不明了的，却武断地说孩子反应慢，或者脑子笨，这其实是对孩子的一种负面的暗示，只会让孩子更加抵触、反感和厌恶，久而久之失去学习的动力，到最后逐渐变得叛逆。

○ 结论及对策

孩子对自己的认识和评价，往往是通过家长开始的。如果家长能够正确认识孩子，正确评价孩子，那么孩子的内心就不会存在阴影。

家长会后，我和小丽的妈妈进行了沟通。她这才意识到自己给孩子带来了这么大的内心困扰。我要她以后多培养孩子的自主能力，而不是总盯着成绩单上的分数不放手。此后，小丽解除了内心的困扰，经常大胆回答问题，也不再优柔寡断。

父母是孩子的良师益友，一言一行对孩子都有很大的影响。所以，想要从小就激发孩子学习的热情，就得从教会他们正确认识自己开始，千万不要过多批评孩子，给他们负面情绪，更不要灌输他们不如别人或者是很笨的信息。要给孩子的大脑植入激励的软件，暗示他们有自己的能量，可以学习很多东西，这样孩子就不会受到牵制，也就没有任何困扰，学习起来就轻松多了。

⭕ **能量环的使用方法及步骤**

1. 让孩子戴在右手上，告诉他，有一个聪明的自己就在这里，只要肯动脑，写作业积极，在课堂上快乐听讲，就可以让聪明的自己留在右手上。

2. 如果出现走神，不愿意学习，就要调整能量环到左手上。 这样反复体会。

3. 家长佩戴能量环，和孩子一起感受。 告诉孩子，自己可以感受到孩子在想什么。告诫孩子要听从父母的内心召唤，保护聪明的自己不要迷失掉。 不然，父母的内心也是不安的。

心灵手记 14：对于犯错的内心纠结

"作业"几乎是所有孩子的"天敌"，没有一个孩子会发自内心地喜欢写作业。 然而"不写作业的孩子"似乎又成了父母和老师的"天敌"。

刀刀的家长为此找到我，说刀刀死活都不写作业，打也打了，骂也骂了，就是没有效果。 简直太让人头痛了，让我帮忙想个办法。 我答应了，不过要求见见刀刀。

【心理小测试】

我让刀刀画了一幅画，内容是房子，树，还有人。 这其实是一个关于内心意象的心理测试。 我的目的是想通过图画，找到和刀刀沟通的切入点，以免刀刀对我有抵触心理。 果然，刀刀在轻松愉快的氛围中画完了，我很有兴趣地问他，画出来的都分别代表什么，刀刀也都一一作答，看起来也十分轻松随意。

我从树、天空、人，逐一和刀刀交流，等到问到房子的时候，我说："你的这个房子里，有人吗？ 他们在做什么呢？"

刀刀毫不迟疑地说："房子里没有人。 因为他们太吵了，把人都吓跑了。"

我问："他们是谁呢？ 为什么太吵了？"

刀刀说："他们总是吵着，嚷着。 因为有人犯错了。"

从刀刀的这句话里我不难判断出来，他在家里得到的正面鼓励太少，只有一些条条框框。

我想试探一下刀刀对犯错的感受，就问道："是因为犯错挨批，被别人吵闹，最后不得不吓跑了，是吗？"

刀刀答道："对啊。不跑的话，就会疯掉了。你看，窗户都关着呢，透不过气了。"

我点点头说："是啊。是得跑掉了。"

刀刀转过脸望了望我，继续说道："其实，屋子里就算有人，也是冷清的。"

我惊讶地问道："为什么啊？"

刀刀说："犯错的人，谁会喜欢啊？"

从这些对话中我们可以看到，其实刀刀的内心一直纠结于自己曾经犯过的错误，不论在任何时候，他都觉得自己是"有罪之身"。这一点就过于病态了。如果孩子从内心里觉得自己是犯错的人，那么就很难在行动上改错。这也是问题所在。

于是我问起了刀刀第一次不写作业的情形。刀刀说那次是因为贪玩忘记了，结果被父母狠狠打了一顿。痛倒是记住了，从此以后，心里却像被烙上了印一样，总觉得自己犯错了，不会有人爱了。再加上家长屡次警告，屡次揭开这块伤疤，结果他觉得心里也不再难过了。

我们都知道，凡事都有个度，当孩子在承受痛感的时候，一开始因为没有经验，所以感到痛，可是到了第二次、第三次，次数越多痛感就会越低，到最后因为提高了耐受力而获得了免疫力，会丝毫不觉得羞愧，甚至有一种痛感的上瘾症状。我把这种情况叫做"痛感丧失"。

像这个孩子的情况，就属于上瘾症状。在屡次逃避写作业的背后，其实是为了掩饰第一次的罪恶感，更确切地说是为了获得一种报复的快感。"你让我写，我偏不写！反正我已经犯错了，是坏孩子了！"他们这个想法，难倒了那些虎视眈眈、怒目相向的家长们。

心理分析 犯错其实就是一种外力强加而导致的反弹。

教学这么多年，遇到很多的学生犯错。诸如没有写作业，上课乱说话，动手打人等等，不一而足。 其实这些都是非常小的错误，如果我们都将这些视为大事，天天在那里数落，孩子就会陷入一种莫名的罪恶感之中。

从心理学的发展来说，一个孩子如果永远都不犯错，那么他（她）是长不大的。

犯错其实是孩子的一种权利。 正因为犯错，他们才会知道，什么是社会的真实，什么是规范和纪律。 但是我们作为家长，可能对于这一点就没有那么宽容。 当一个孩子经常爱说爱动，可能我们会认为他不够好，说他调皮；当一个孩子有时候偷懒不写作业，我们会认为他太过分，简直不正常。

也许就是基于这样的考虑，所以我们才会大发雷霆，好好收拾孩子一顿。

在学校里，经常可以看到这样的一幕：老师把家长叫过来，然后孩子站在墙角，家长沉默地听着老师在那里控诉孩子的"罪行"，家长竭力抑制着怒火，但是最终忍无可忍地铁青着脸，对孩子叫道："回家再收拾你！"

一句"收拾你"，多少体现出我们家庭教育的私密性。

那意思就是说，回到家里，我想怎么收拾你，就怎么收拾你，你给我老实点！ 这种教育的模式，我姑且称之为威胁型的内心纠结。

孩子犯错本身，就已经受到了老师的外力干涉，他（她）的内心纠结肯定很厉害。 从老师的态度里，他（她）完全可以意识到自己的错误，并且也了解到这样的情况下次再发生，将会带来同样的恶果。 可是家长不了解这些，他们希望同老师一起，联手加大威胁的力度，于是这两种合力，带来了不可估量的结果：这个孩子暂时会安生许多，但是过不了多久，就会再次发生这样的错误，接二连三。 这个情况不难理解，这就好比是一个弹簧，当我们强加给这个弹簧一个力，暂时将它压下去，等到松开的时候，它就会弹起来；而我们强加的力还是合力的话，则合力有多大，孩子这个弹簧弹起来的力量也就会有多大。

这个道理似乎我们大家都不难懂。 但在教育孩子的问题上，我们不相信或者说不知道存在这样一个弹簧的原理。

我们可以想想看，在教育孩子的过程中，每次强迫孩子做的事情，刚开始效果还可以，可是为什么总不能坚持到底呢？ 原因很简单，就是我们在引导孩子的时候，总是通过外力强加给孩子，使得孩子有了逆反心理。 我们强加得越厉害，孩子的内心就会反弹得越厉害。

作为家长，其实也和老师差不多，我们应该做的就是，拿开强加在孩子身上的那道力，让他们不必因为这道压力，而去犯错。

○ 结论及对策

孩子犯错，我们应该冷静对待，不可简单粗暴地行事，在这里有如下几条建议供大家参考：

1.当孩子恐惧害怕的时候，我们不恼怒，也不批评。和颜悦色在这个时候最暖孩子的心。

2.当孩子不在意自己错误的时候，我们应该意识到，这是孩子已经产生了所谓的"痛感丧失"了。而这个时候，也正是考验家长耐心的时候，我们要做到"反其道而行之"。对孩子倍加呵护，态度来个一百八十度大转弯，让孩子重新获得父母的爱，使得他（她）的内疚感回归。

3.在孩子能够和我们进行正常交流沟通的时候，再和孩子谈有关的错误，需要注意的是，在说错误的时候，一定要对事不对人。千万不能说"你坏透了""你懒死了""简直太笨了"等等。

4.在和孩子交流的时候，尽量谈谈自己曾经犯错之后改错的经历，这样会让孩子降低罪恶感，有助于孩子成长。

○ 能量环的使用方法及步骤

1.孩子犯错的时候，一定要给他戴上能量环。告诉他，这是爸爸妈妈爱的力量，它会帮助孩子找到改错的方法，而且以后也不会再犯类似错误。

2.父母也戴上能量环，告诉孩子，他们能够感知孩子心里的不安和难过。大家要一起找出改错的方法来。

3.父母要暗示自己，绝不可以为了孩子的错误而横加指责，以免对解决事情造成无可弥补的损失。

心灵手记15：我害怕失败

小文的家长找到我，说小文平时考试挺好，但是一到大一点的考试，比如期中、期末考试，成绩却总是不理想。

一般遇到这样的情况，我们会觉得是家教严格所造成的。不过家长说，在孩子上学期间，从来都没有过分要求过，通常是让孩子按时写作业，有时候鼓励孩子考试考高分，除此之外，也没有对孩子实施什么强制的措施。

我后来见到了小文。我要求她做一道题，并且限定了时间。然后我就在旁边坐着，和家长说话的时候，放低了声音。结果小文过了好久都没有做出那道题。其实那道题很简单，只是她那个年级段里比较基础的题。

我仔细观察，发现问题不在这个女孩不会做，而是她十分敏感，压力过大，导致无法静心做题。我问小文是否父母对她要求很高，女孩摇头。那么，到底是什么导致了小文的压力过大呢？

【心理小测试】

我做了个小小的实验，只是把题目重新改换了一下，其实类型一样。然后坐到一边，放开音乐，很轻松随意地和家长说起话来，也没有刻意压低声音。小文很轻松地就把题目做完了。我又要求她把之前的题目做完，结果小文也能够马上完成。

这个现象让小文的家长困惑不已。小文也说，自己从来没有在这样轻松的状态下做过题，心情非常放松。我让她回忆一下，在她每次考试之前，家里有没有什么变化。小文想了想说，每次考试之前，屋子里都会很安静。几乎可以用鸦雀无声来形容。

我问："那大家都不说话吗？"小文说，每逢考试之前，她一坐到书桌旁，屋子里就会马上安静下来。有好几次，她看见自己的父母走路都是蹑手蹑脚的，就好像迎接天大的事情一样。刚开始，小文十分不自在。她对父母说，根本不需要这样。她能够集中注意力，完全不怕打扰。可是小文的妈妈坚持要为了小文考试，全家进入备考状态。

于是，在迎接考试的那段时间里，小文的家里总是静悄悄的。 大家都为了一个彼此心照不宣的目标，默默地把一份沉重的期待压在了小文的身上。 看似父母对她什么也没有说，但小文的心里，却有一种喘不过气的感觉。

小文说，她看着父母屏气蹑足的样子，心里总会莫名地涌起一种愧疚感。 她就想，为了自己的父母，一定要考出好成绩。 就这样，她不断地给自己施压，好比是一根弹簧，等到压力过大的时候，就会无法承受，弹起来居然还会伤了自己，最后无奈失去了弹力。

于是在失败的成绩面前，小文变得沮丧而充满负罪感。 她觉得自己是个罪人，对不起父母的苦心，更无法向自己的誓言交代。 内心的苦痛就这样越积越深，几乎压得她抬不起头来。

在小文的整个心理状态里，只有一个声音，那就是"我害怕失败"。

心理分析 对小文的情况，她的父母十分不理解，他们觉得自己明明为了孩子，怎么会给孩子带来那么大的困惑和压力呢？ 我请小文的父母也回忆一下，在他们小的时候，是不是也有这样的情况。

小文的妈妈点头说是。 她说在自己当年考试的时候，父母为了照顾她，特意陪读，而且为了不打扰她，每天都尽量不说话，走路都是静悄悄的。 这些上一辈父母的良苦用心，小文的妈妈如法炮制，却没想到自己的女儿无法适应。

这个问题，给我们的家教敲响了一个警钟——不要给孩子强加刻意的爱。经常会听到家长这样说："我这样做还不都是为了孩子好？"是啊，为孩子好有什么错？ 可问题的关键在于，这样真的能让孩子放松心情，不活在压抑的内心阴影里吗？ 这一点，我想许多做父母的，很少能将其考虑在内。 我们常常度量自己的心情，却无法真正替孩子们想想他们需要什么。

从这个话题引申开来，我们可以明白，有很多时候，对孩子的好，往往是从我们的一己私利出发，没有问过孩子愿不愿意接受，能不能承受，而只是一味地强加给孩子。 哪怕是爱，我们也要想一想，孩子是否需要；哪怕是一份期待，我们也该思量一下，孩子是不是能够担得起，放得下？

这让我想起了那些连孩子写作业都陪在身边的父母们，也想起了那些总是在孩子身边寸步不离的父母们，还有那些孩子打架却硬要替孩子出头的父母们。

如果我们给的这些孩子都不需要，那么我们就是在用一根爱的绳索，以爱的名义束缚孩子的成长，约束孩子的自由之身，让他们背负上沉重的包袱。

在生活中，我们有时候给孩子钱，给孩子各种玩具，包括我们给他们交钱到各种培训班、特长班里去学这个、学那个，你问过孩子，他们真的愿意吗？不要说你付出了什么，也不要说你为了孩子花费了多少精力，关键是，你要知道，孩子到底需要什么。

○ 结论及对策

从小文的故事我们看到，她的家庭教育看似没有实施暴力，父母也没有对她严加责备，但是危害比起暴力来有过之而无不及。我把这种情况叫做"棉花套子"。

在这种隐形的压力之下，孩子的内心实际上隐藏着很大的问题。那么该怎么办呢？这里有几条建议，供家长参考：

1. 多和孩子沟通交流，知道孩子想要什么。

2. 当孩子有要求的时候，不能事事都满足，但是要把握一个原则，以沟通为前提。让孩子说出来自己的理由，切忌说教。

3. 孩子的需求实际上反映了他的心理状态，同时也能够让我们多了解他们。所以，有时候和孩子交流，就是和孩子进行最有效的教育，虽然不是说教。

4. 在孩子提出无理要求的时候，要分清孩子的心理动机，对症下药。一概反对会伤害孩子的自尊心，事事满足则会宠坏孩子。

○ 能量环的使用方法及步骤

1. 让孩子戴上能量环，告诉孩子，只要相信自己是聪明的，相信自己是优秀的，即使失败也没关系。不要害怕。戴上这个能量环，他将会拥有更多的能量。

2. 父母戴上能量环，要体会孩子的孤苦无助，暗示自己理解孩子的心情。从疏导的角度，和孩子互动交流。

心灵手记16：我不想当乖孩子

小刘是个很乖的男生，平时学习不错，在课堂上却总是沉默寡言，不爱发表自己的意见。

小刘从不举手，即便是被老师点到名字；也只是用小得几乎都听不到的声音回答问题，十分被动。

我把这些孩子称之为"自我缺失型"。不做坏事、也不做好事的被动型孩子，其性格中缺失了什么？心理学中认为此类儿童缺失自我方向、动力，简言之，缺失了自我。

我们经常这样讲："孩子，你要听话！"听话的孩子有鲜花和掌声，听话的孩子走到哪里都有人说："你看这孩子多乖！"然而乖孩子真的好吗？

心理分析　在这些乖孩子的背后，其实有一个很明显的心理模式：我什么都不能做，只能当个乖孩子。这种心理模式从哪里来？

在有的家庭中，孩子从来不能独立做事，倒水怕被热水烫了，端碗怕把碗打碎了，洗衣服怕弄得屋子到处都是水。总之一句话："孩子你还小，等你长大了再干！"孩子的主动性和积极性就这样被扼杀在摇篮中。

当个听话的乖孩子，于是，很多孩子放弃了动手和承担，然而，内心却不停地重复"我不想当乖孩子，我要做事情，变得重要起来"。孩子一般从3岁开始，会十分好奇大人的衣服，男孩经常会悄悄地穿上爸爸的衣服，拿爸爸的公文包，装成爸爸的样子；女孩会穿妈妈的高跟鞋，戴妈妈的首饰，背妈妈的包包，装作上班的样子。这些都是孩子想要证明自己的一种表征。

而很多家长却在毫不知情的情形之下，扼杀了孩子的求知的欲望和兴趣，使得这些孩子内心里充满了挫败感。我的女儿3岁的时候，就开始学着我的样子，弄点水在盆子里洗衣服。有次孩子的外婆坚决不让孩子动，结果孩子居然悄悄地把一大袋子洗衣粉倒进水盆子里。

孩子的积极性如果能得到家长的支持，那将是非常有效的鼓励。然而很多家长习惯给孩子泼冷水，导致了孩子最终失去了做事的动机和兴趣。

孩子们从大人的约束中，渐渐学会了听话。 听话对他们来说，可以更省心，久而久之，就有些孩子心安理得地享受着什么都不用做的现状，变得不爱说，不爱动。 因为说多了，大人会说废话多；好动了，如果做不好就会被说成是捣乱。

生活中那些过分溺爱孩子的家长，并不少见。 不过，每一个溺爱孩子的家长，都有足够的理由来支持他们的溺爱。 比如陪读的妈妈们，她们的理由很简单，孩子不知道学，必须得坐在旁边监督。 这种做法，从心理学上讲，叫"信任危机"。 你不信任你的孩子能够独立完成，所以你天天要监督。 结果你的孩子就觉得自己的确不能按时完成作业，所以就必须你监督才会完成任务。 这是一种双向的恶性循环。

很多家长反映自己的孩子，学习上从来不主动，仔细调查下，不难发现，很多孩子都是拥一个"陪读"式的家长。 孩子一开始都是能按时做题的，一出现错题"陪读家长"就会生气，甚至为此惩罚孩子。 这就让孩子觉得做了不如不做。

凡事由家长做主，从吃饭穿衣，到兴趣爱好。 小刘的妈妈跟我交流的时候，说自己的孩子小时候身体不好，所以很多事情都不让他做，包括孩子最喜欢的篮球，都轻易不让他去玩。 小刘在日记里写道："我很喜欢打篮球。 可惜，我的身体不好，祝福我的篮球伙伴们！"

小刘听话的做法，除了暂时变成乖孩子外，对其成长并未有太多好处。 所以，对于孩子，爱的方式方法要正确，不能一味包办孩子应做的事情，也不应打击孩子，要对乖孩子放手。

○ 结论及对策

针对孩子这种"自我缺失"的心理状态，我们该怎么做呢？ 这里提供一些方法供大家参考：

1. 明确孩子的兴趣，陪孩子把兴趣找回来；

2. 多让孩子"帮倒忙"，不轻易打击孩子的积极性；

3. 在家庭中形成一种"没有孩子有些事儿做不来"的氛围，带领孩子共同参与一些活动；

4. 让孩子认识到自己的重要性，并不是靠说教，而是通过引导和行动。

○ **能量环的使用方法及步骤**

1. 让孩子戴上能量环，父母也戴上，都戴在右手上，告诉孩子，从这一刻起，大家的能量都在一块。 爸爸妈妈愿意将自己的聪明和能量，分一点给孩子使用。

2. 父母要和孩子一起多运动，多做互动游戏。 这个时候配合能量环，戴在右手的时候，让孩子体会自己的胜利，尤其要激发孩子的成就感。

3. 注意，一直让能量环戴在右手上，让孩子体会自己一直很重要，一直都属于胜利者的感觉。 尽量通过能量环放大孩子的这种感受。

心灵手记 17：不快乐怎么办

女儿还不到 3 岁的时候，我就想培养她自己对情绪的管理能力。 有人说，孩子小的时候，有很多东西太过深奥，是无法进行教育的。 其实这话不然，关键问题在于家长采用的方式和方法。 当家长将一些知识吸收过来之后，必须要经过系统的消化，然后转化成孩子喜闻乐见的东西，这样自然而然会被孩子所接受。 这就存在一个转化的过程，如何转化，如何让孩子容易接受，这才是问题的重点。

我对女儿的自我认知教育，是从最简单直白的她自己的故事开始的。 小孩子最喜欢的载体就是故事，她们听故事的能力也极其高。 3 岁以前，她可以坐在外婆的怀里，听各种故事。 那时候正好家里有我的课本，相对来说，没有什么情节，枯燥乏味，但是她的外婆并没有什么故事可讲，只好拿起手头的书给她读。 女儿听得很认真，不管有没有听懂，她总是听到外婆住了口，才会把注意力投向别处。

后来到了差不多 2 岁，我就发现，女儿开始有了情绪的变化。 她生气的次数多了起来，有时候会坐在地上不起来，这就有点耍赖的味道。 我对女儿的情绪管理教育也慢慢提上日程。

每当女儿想要耍赖的时候，我就会灵机一动说："从前有个女孩叫美存，有一天，她蹲在地上，半天都不起来，这个时候，屁股下面的虫子觉得好臭，大声地叫，哎呀，是谁？ 是谁的屁股，快点拿走，快点拿走！ 把我的脑袋都要臭掉了！"女儿叫美存，听到我的故事，咯咯地笑了起来，都忘了流泪，立刻有了精神，马上一屁股从地上爬起来，很好奇地叫："妈妈，接着讲，接着讲啊！"

这样的情形很多，女儿渐渐学会了认识我故事里的美存。有一天她问我："妈妈，你说的美存为什么和我的名字一样呢？"我回答道："那就是你啊。不过，那是妈妈心里的美存，你如果长大了，也会变成另外的样子哦。"

等到慢慢长大一点，美存的故事里基本都是正面的东西。比如，美存学会快乐地笑，美存喜欢大声地唱歌，美存背诗的声音真好听，美存帮妈妈做事好开心……这些故事都是生活中的事情，随时随地就可以拿来，当场发生的事情，马上就可以讲给她听。

女儿在美存的故事里学会的东西，我是无法估量的。但是有一点我是看得到的，那就是她学会了思考。还是女儿3岁多的那一年，有次她一个人在床上自言自语地说道："有一天，美存坐在床上，呆呆地想，为什么自己不快乐呢？"我惊讶地望着女儿，不知道她从哪里想来的这些词语，使用得恰到好处。

可是还没有等我说话，她就又接着对自己讲道："美存正在想着，忽然听见有人来了。她赶紧爬起来，想要找一双翅膀，她要飞到天上去玩一玩。坐在白云上面，哈哈，多么幸福快乐。"女儿讲完之后，爬起来，穿好衣服，自己兴冲冲地跑到屋子里玩。我很高兴女儿对自我的认知。

其实一开始我讲美存的故事，也仅仅是要她学会自己观察自己，自己理解自己。当我将美存的行为作为一个故事来讲给她听，本身就是让她拉开一种距离去观察自己。这样一来，故事里的美存是高兴的，她就是高兴的；故事里的美存是难过的，她就可以知道为什么难过。

在女儿4岁多的时候，我问了她一个很抽象的话题："当美存不开心的时候，美存要怎么做呢？"女儿眨了眨眼睛说："美存在脑子里安装一个机器，快乐的时候打开绿色的按钮，不快乐的时候就关闭红色按钮。"我问："那么，你现在打开什么按钮呢？"女儿说："我现在不快乐，我要关闭红色按钮。"说完，咯吱地笑道："妈妈，我关闭了，所以很快乐了。"现在女儿已经快6岁了。她基本上可以管理好自己的情绪。心态很平稳，不暴躁，性格坚忍，忍耐性强。善于宽慰别人，讲道理，而且还很幽默。我写作之余，她不会写字，也会在旁边口授自己的日志，让我帮她写在空间里。从4岁开始，累积起来也写了一些诗歌，其中的童心和童趣十分可爱。

有次让我的学生们写作文，题目叫做"我们的学校"。女儿张口即道："我们的学校，就像是一个小鸟窝，我每天都开开心心地去上学；我们的学校又像是一座会飞的城堡，带我到一个快乐的地方。"

在女儿的成长过程中，令我欣慰的是我从来没有强加干涉过孩子，只是用故事来间接地叙述美存的行为，让她审视自己的行为，最后由她自己来做决定。

○ 给家长的善意短信

其实家长每次和孩子沟通，也是在间接地复述孩子的行为，但是我们的载体没有选择好，我们采用了十分气恼的声音，采用了愤怒的眼神，让孩子产生了畏惧，在这个背景之下，孩子就忽略了问题本身，而只是因为恐惧而不得不屈服于大人。

假如大人能用故事作为载体，站在中立的立场，只是作为一个叙述者，将孩子作为主人公，对孩子的行为加以描述，这样孩子就会对自己多拉开一点距离，多一份认知。而认识自己这个课题就落到了实处。

现代社会竞争激烈，一个人如果没有对自己有正确的认知，就容易迷失方向，找不到快乐的自己。所以要从小开始对孩子进行自我教育。

我的班上经常遇到脾气暴躁的孩子，他们的情绪变化太多，而这会造成性格上的不完善，导致的结果就是不能冷静客观地看待自己，看待他人。

情绪管理的目的，就是要教会孩子观察自己，了解自己。这一点，目前在家庭教育中还是个很薄弱的环节。

如果我们的孩子从小能够学会冷静地面对现实，观察自己，了解自己，那么孩子的教育就会变得内化，孩子就会主动管理自己，家长就不用施加外力来制造那么多的困扰了。

○ 能量环的使用方法及步骤

1. 戴上能量环，让孩子选择脑子里的按钮，是快乐还是忧伤，如果是快乐，请将能量环戴在右手上。

2. 家长也和孩子一起调整能量环，都戴在右手上面。大家一起改变自己的心态，一起在脑子里选择启动快乐按钮。

3. 在愤怒的时候，将能量环调整到右手。父母要让孩子和自己一起，关闭忧伤的按钮，同时将右手的能量环调整过来。

心灵手记18：爱上坏男孩

小姜是个外表看起来有些羞涩的女孩，在她父母眼中，也是个乖顺听话的孩子。在校园里，她是舞蹈队的骨干，除了在舞台上，小姜很少能有那种充满自信的眼神。更多的时候，小姜喜欢一个人发呆。有好几次上课，我都会大声地提示她，好半天她才回过神来。还不到12岁的女孩，却似乎有许多的心事。

一天小姜来找我，希望我能救救她。她的痛苦很深，使得她失眠，吃不下饭。

小姜告诉我，她恋爱了，爱上了班上的那个坏男孩。她很害怕，她不知道自己是不是犯错了。

心理分析 早恋这个名词家长们并不陌生。早在前几年，因为早恋困扰使得家长和孩子产生极大对立的不在少数。这几年随着社会发展，互联网的普及，孩子们的情感发展也达到了空前的高涨。许多孩子对异性的感情出现了早期的萌动，并且有提前的征兆。

许多家长一味地怪罪孩子早熟，甚至怪罪社会传播媒介的误导，这些仅仅是外因，并不是主要的，那么什么才是主要原因呢？

首先，父母管教过严导致孩子的"需求压抑"。

小姜的父母从不让她外出交友，平时又很少和她交流沟通。很明显，这就是问题所在，可能许多家长还没有注意到。

在小学生涯的1～6年里，父母和孩子之间其实一直有个看不见的管道，这是耳鬓厮磨的亲情架设的管道，但这个管道能够平缓流淌的可能只有四年，到了第五年估计都会出现堵塞现象。为什么？这个问题因人而异。

有的家庭可能经常会有沟通，所以双方的感情之河总是在流动的，就不存在大堵塞的问题，顶多是些小小的疏漏，家长只要多加重视，时常疏通就可以了。可是有些家庭长年累月不沟通，只是施加各种压力，诸如学习成绩的要求啦，五不准八不准啦，这样孩子就成了一个父母们随意使唤的管道，孩子就有可能因为压力过大，而停止工作。孩子的问题紧跟着就来了：厌学，逃学，沉迷网络等等。

孩子的独立人格开始显现，如果没有经常沟通疏导的话，父母和孩子因为血缘而建立的管道就会面临崩溃的危险。 这个时候，孩子要么向外发泄，要么选择压抑。 经常压抑的孩子容易暴躁，易怒，歇斯底里；而向外发泄的孩子则早恋，沉迷网络，喜欢寻欢作乐。 小姜之所以在父母眼中是个乖孩子，那是因为她选择了压抑。 她用自己外表的假象，掩藏自己的真心。 小姜的父母也多次向我反映过这个孩子爱发脾气，而且发起来很吓人。 可是他们不知道原因在哪里。

其次，孩子的敏感个性使得叛逆变成了"早恋"。

孩子一旦和大人产生了隔阂，就会拒绝交流。 这个时候，孩子和父母之间，成了不流通的管道。 与此同时，家长在毫不知情的情况下，仍然不停地施加压力，要求孩子的学习成绩，限制孩子的行动自由，这就形成了压力的不平衡，孩子的内心势必要找到一个出口，否则，孩子就会无法承受。 那么从哪里找出口呢？

对于小姜这样敏感的女孩来说，身边的男孩无疑是很好的人选。 小姜说，她也不知道自己怎么回事，不知不觉爱上了这个霸气、想说就说、想骂就骂的"坏"男孩。 其实这个"坏"在小姜的眼里，代表的是另一种含义，那就是她最渴望的叛逆。

从父母那里得不到交流沟通的爱，内心里就会有一种爱的渴望，于是小姜将这种渴望投射在同班的男孩身上。 而这个男孩，正好代表了一种和小姜家教模式全然不同的人格：叛逆，大胆，有闯劲，自由自在。 这些正好满足了小姜想要叛逆的心理需求。

在心理学上讲这个现象叫做投射。 孩子爱的其实不是男孩，而是男孩的那一种人格。 因为那种人格正是她渴望的，也是她没有勇气做到的。 这一点也是许多青年男女恋爱的原因。

○ 结论及对策

对待孩子，最重要的是交流沟通。 "流水不腐，户枢不蠹"也是同样的道理。 管道经常要疏通，亲戚经常要走动，其实思想也是一样，不经常进行交汇流动，就会变质堵塞。 那么面对孩子的早恋该怎么办呢？

这里提出几个解决方法，供大家参考：

1. 经常和孩子说话，争取做孩子的朋友。

2. 和孩子交流的过程中，一定要不加评判，只是做个倾听者。

3. 记住和孩子交流的宗旨是为了疏通父母和孩子之间的管道。有计划性地交流也可以，但态度必须是平和的，不能煞有介事地质问。

4. 放低自己的身份，把自己的童心找回来，和孩子交流。说话的题材最好别牵扯学习，多是一些别的方面，以引起孩子的兴趣为主。

◯ 能量环的使用方法及步骤

1. 将能量环戴在右手上，父母要让孩子闭眼，帮助她回忆小时候的亲子故事。让孩子拾回童年的幸福和满足。

2. 告诉孩子，即使早恋也不要紧，只要爸爸妈妈还在她的心里，她能一直爱他们就够了。然后，让孩子回忆从前，同时将能量环固定在右手上。

3. 暗示孩子：父母的感觉和她的感觉一样。父母要将能量环戴在右手上，告诉孩子，三人心心相印。她有什么想法，父母都能体会到。

4. 给孩子暗示：要想大家快乐，谁也不要离开谁的心灵。所以，能量环不要调整，一直戴在右手上。

心灵手记19：网络真的是魔鬼吗

阿飞的接受力很强，小脑袋里装的东西蛮多，见多识广，性格比较活泼，爱说爱动。可惜人缘不太好，经常会有人报告说他骂人，打人。俗话说物以类聚，人以群分，他的朋友不多，但却是挚友。

让老师和家长头疼的是阿飞迷恋上了网络游戏。为此他可没有少挨打，家里父母也因此砸坏了两台电脑，可是阿飞却依然故我。

在阿飞的父母眼中，这个孩子几乎不可救药了。他们对他简直万念俱灰。他们好多次都想冲到网吧里，把人家的电脑也砸个稀巴烂。电脑、网络真的那么可怕吗？难道它们是魔鬼吗？

心理分析 沉溺网络，是现代许多孩子的一个共同问题。 但是，孩子们为什么会沉溺网络，这个心理原因我们却必须得弄清楚。

首先，内心孤单寂寞是内因。

我曾经问过那些经常上网吧的孩子，他们都说在家里没有人陪，很无聊。阿飞也是一样，他说家里没有人爱他。 一个月不见父母的面都是常事，他说游戏可以让他觉得快乐。

一句"快乐"道出了阿飞的心理现状。 陷入网络不能自拔的孩子，大多都是在生活中不能得到真爱，而迷失自我的类型。 他们在生活中，经常会受到父母的责骂，甚至人格上的侮辱。 阿飞的父母被我叫来后，我问过他们，请他们说出阿飞的几个优点，结果阿飞的父母一再摇头。 还有个经常迷恋电视的女孩子，说自己一个人很寂寞。 父母各忙各的，谁也懒得搭理她。 她总是觉得孤单，电视开着，心里就会好受些，电视就像是个朋友一样。

从这里我们可以知道，在孩子的内心深处，充满了孤单感。 这一点对于独生子女们来说，是普遍存在的。

其次，网络的五彩缤纷是外因。

在家里除了大人的唠叨、呵斥，还有那写也写不完的作业，一个小孩子还能有多少兴趣，又能维持多久呢？ 而网络里那自由自在的游戏、随心所欲的心灵空间，都为他们提供了发泄场所。

阿飞第一次进网吧，是因为被爸爸数落了一顿，心情十分沮丧，这时候被同伴叫去，无意中玩起了游戏，从此一发不可收拾。 在班里，大部分的孩子都有类似的情况。 在孤独寂寞的时候，网络就好比一个善解人意的伙伴，可以容忍你的一切，满足你的一切，这些连大人都无可招架，何况一个失去关爱的孩子？

有时候仔细想想，孩子沉溺网络，其实是大人将他们推进了网吧。 如果在孩子失意的时候，家长能够陪在身边，让他们的心灵得到满足，不让他们因为痛苦而选择一头扎进网络的虚幻世界，那么这些孩子何来的瘾头？

当孩子犯了网瘾的时候，我们更不能将一切罪责全都推到网络身上。 客观地说，网络极大地推进了人们的工作效率。 我们不能因为自己的孩子没有使用好这个工具，就来怨天尤人。 我们要做的是检讨自己的错误，认识网络的正面作用，引导孩子合理利用网络。

但对于沉迷网络的孩子们来说，错误使用电脑，反倒让电脑控制了自己，才是问题的关键。 当务之急，就是帮助孩子找到迷失的那个自己，才能从根本上解决问题。

○ 结论及对策

孩子之所以误打误撞进入网络游戏，就是因为当初没有家长的引导和监管，导致他们失去了自制力。 事情一旦发生，对于孩子来说，我们的打骂是没有用的。 只有从内心里反思自己的行为，然后给他们足够的时间，才能让他们一点点改变。

这里有几点意见，供大家参考：

1.让孩子明确电脑、网络的意义。 网络是工具，永远为我们所用。

2.绝不让孩子做电脑的奴隶，这一点从孩子接触电脑之初就必须申明。

3.不能过分限制孩子接触电脑。 我们知道，距离产生美，你越是限制，其实孩子心里的期望越热切，不如放开一点时间给孩子，让孩子在电脑上找到自己感兴趣的，比如画画、写字、写空间等。

4.给孩子讲清楚哪些网页不能看，哪些网页有用。 最好给孩子一个主题，让孩子能够有一个比较固定的浏览习惯。

5.为了发挥孩子的积极性，让孩子自主选择几个网页，作为固定浏览，当做每日必读的课外书。

○ 能量环的使用方法及步骤

1.孩子玩电脑的时候，就将能量环戴在手上，让孩子确定好自己要做什么，大概要多少时间。 告诉孩子，父母将和他（她）一起戴上能量环，能知道他在想什么。 需要的话，大家一起玩。

2.如果孩子要单独玩电脑，就告诉孩子，能量环会帮助他控制好时间。 让他记住内心的感受，如果一旦超时，就将能量环戴在左手上。 家长就要表现自己很痛苦的样子，出现头疼或者肚子疼，或者无法心平气和，就要告诉孩子，这是能量环在警告他们，不能再玩电脑了。

3.通过能量环的负面暗示，警告孩子玩电脑要守时。 注意，只要让孩子体验到就可以，不要说教。

心灵手记20：出轨的爸爸我恨你

每年我都会将自己的 QQ 号码公布给学生们，他们都非常高兴地加我为好友。虽然大多不会在空间里写东西，但是透过他们的签名和网名，却多少可以看到他们的内心。有次进到小青的空间里，看到她的空间起名"不会飞的翅膀"。很明显，小青的内心是不自由的。接着看她的日志，却看到一篇《爸爸坏男人我恨你》，再看内容，叫我大吃一惊。

日志里赫然写着爸爸出轨的事情，这显然不是这个刚 10 岁的女孩所能理解的，那么这篇日志一定是孩子的妈妈授意她在空间里写下来的。目的很明确，就是让孩子恨那个抛弃这个家的男人，并且要孩子一辈子都恨，恨得刻骨铭心。孩子的妈妈心中的恨有多深，就会让孩子替她担多少。妈妈从一己私利出发这样做，可能是无意的，但殊不知将对孩子的心灵造成难以弥补的伤害。

心理分析　1. 破坏孩子的安全感，形成人格障碍。

孩子从出生开始，如果不能获得足够的安全感，那么在未来的生活中，将会出现很多行为反差，诸如爱动手打人，容易和别人起冲突，或者是经常讨好别人，心情阴郁，情绪波动过大，人格的方面也会出现障碍。那么安全感从哪里来呢？显而易见，是从我们朝夕相处的父母身上得到的。

许多神经官能症的患者都来自单亲的家庭。当然，离婚并非是唯一的原因，但一个不完整的家庭，给予孩子的是残缺不全的意识。相对来说，单亲的孩子在生活中会缺乏正常家庭所有的勇气、毅力、耐心。他们会过度紧张，要么内向，要么过分外向、粗暴，呈现出柔弱和粗暴相对立的性格特征。原因就在于，这些孩子的内心太缺乏安全感。

拥有安全感的孩子，成长是自给自足的，不会过分要求获得认同，也不会过分索求认同，做事总是可以循着自己的原则。这样的孩子人格上是健康的，也有生活的合理动机。

当父母双方出现了问题，如果一方能够向孩子进行合理的解释，就不会让孩子感觉到自己失去了一份爱，相对来说，对孩子的伤害也就小一些。小青是在不知情的情况下，被妈妈强加了一份恨意，这越发强调了她内心的不安全感，更重要的是小青将这份不安全感的来源，定格在了自己的爸爸身上。如果这份仇恨在她的内心里扎了根，她就会产生逃避，变得仇恨男人。爸爸等同于男人，这一点在孩子的潜意识里将会根深蒂固。由此孩子会形成人格障碍。

2. 混淆孩子的识别能力，造成性别自卑。

父母出现婚外情，受害一方势必会将愤怒和痛苦的情绪向外发泄，家里没有别人，孩子就成了最直接的投射者。投射是心理学上的一个常见现象。如果家长经常看不惯孩子，经常觉得他有问题，那很有可能是家长的情绪出现了投射——将对一方的怨恨情绪强加给了孩子，孩子就成为了无辜的受害者。如果是男孩，会产生谴责心理，不认同自己的性别，产生性别厌恶；如果是女孩，也会产生性别方面的误区。这样会造成孩子不能客观评价自我，给未来的生活埋下隐患。这也就不难理解为什么小青说她讨厌身边的男孩，觉得他们都很无耻。

3. 情绪负债累积，形成孩子的歇斯底里。

父母一方经常生活在愤怒中，就会给孩子带来情绪负担。小青告诉我，为了让妈妈开心，她不得不天天说自己讨厌爸爸，憎恨爸爸，其实她心里也很矛盾，她并不觉得全是爸爸的错。在学校里，小青逃避任务，暴躁易怒。这就是歇斯底里症状，这也正是小青妈妈对她施加的压力所致。小青无法排解这种无奈，如果小青的妈妈能够合理排泄自己的愤怒，冷静对待婚外情，那么小青的困扰就不会这么大了。

4. 无力感增强，自我意识缺失。

随着受害一方的痛苦和愤怒的延续，孩子就会感受到一种情绪的熏染，莫名地烦躁，痛苦，却又排遣不了。心理学上这叫做无力感。无力感是一种十分可怕的抑郁症状，面临这种状态的孩子，做事总是力不从心，觉得自己事事都不如人，不敢大胆追求，不敢说出自己的心里话，不敢有自己的想法。久而久之，就成了深度抑郁状态，对生活和学习缺乏兴趣。

○ 结论及对策

父母含辛茹苦养大孩子，就是为了给他们一个健康、快乐、幸福的未来。

父母婚姻的破裂也不会改变对孩子的爱，那么，不要让孩子学会憎恨，因为恨永远不会给孩子带来幸福。 怎样教会孩子正视父母婚姻的破裂呢？ 这里有几种方法供大家参考：

1. 和孩子讲清楚，尽可能让孩子明白：因为爸爸（妈妈）不幸福，所以需要去寻找各自的幸福，但大家都是爱孩子的。 永远都是孩子亲爱的爸爸妈妈。

2. 多和孩子讲述对方的优点，让孩子学会客观公正地评价自己的亲人。

3. 如果出现纠纷，也要尽量让孩子对事不对人，不能让孩子把怨恨留存在心灵深处。

4. 绝对不能肆意诋毁对方的人格。 即便对方是个罪人，也要让孩子多从好的方面看，不能过分纠结于对方的错误。

5. 和孩子真诚地讨论过去，不强加任何评价给孩子，不能让孩子为了讨好自己肆意诋毁对方。

○ **能量环的使用方法及步骤**

1. 家长要和孩子一起戴上能量环。 告诉他，虽然爸爸（妈妈）离婚了，但是大家都会爱他，能量环就是这份完整的爱。

2. 让孩子感受能量环的温暖，让她想象从前的快乐时光。 告诉她，一切都没有改变。

3. 家长戴上能量环，要感受内心的平静感觉，和孩子一起相信快乐，其他的都不要想。 如果出现痛苦，就调换到左手上，等到找到从前的回忆，再把能量环戴在右手上。

心灵手记21：被欺负了要复仇吗

小明是个活泼好动的男孩，可是在学校里却经常会和同学闹矛盾。 虽然经过老师教育小明会有所收敛，可惜刚安生几天就又会故态复萌。 其实每次事情都很简单，就是因为别人一句玩笑话，或者是一句闲话，鸡毛蒜皮的小事而已。

问他为什么要打架，小明总是会振振有词地说："我没招他惹他，他乱说我。 他欺负我，我不打死他，还不显得我怕他？"我问："那你就不怕受伤吗？"小明还是那么气愤地叫："打死了也不怕！ 谁让他欺负我？ 谁欺负我，我就跟谁拼命！"

小明的一句"拼命"，虽然语出惊人，却反映出了孩子们打架的心理机制。原来他们打架是为了挽回自尊，是为了让自己挣回面子。 可是这样的挣面子方式，简直有点匪夷所思。 别人说两句算是侮辱吗？ 别人说两句算是吵架吗？ 吵架算是被欺负吗？ 被欺负了一定要拼命吗？ 为什么孩子们不能心平气和地对待矛盾和纠纷呢？

【心理小测试】

在学校里，老师们几乎每天都要处理学生之间的各种纠纷，小到一句口舌之争，大到群殴、流血事件。 针对这个现象我展开了一项开放式的问卷调查：

1. 假设你被人踩了脚，你会怎么做？

一部分学生答：揍扁他。 报复他。 扇他一耳刮子。

2. 假设你和别人起了争执，你会怎么做？

一部分孩子答：打他。

3. 假设你被别人骂了，你会怎么做？

一部分孩子答：对骂，骂不过就动手打。 找一帮人打。

这个调查结果不能不让人反思，因为答案并不是偶然现象，那么，到底是什么导致了孩子们这种锱铢必较、睚眦必报的心理呢？ 有什么危害呢？ 会对孩子的未来造成什么影响呢？

心理分析 客观上讲，周围的生活环境以及成人的影响，是一个重要的外部因素。 但在这种环境之下，能够做到冷静面对的孩子也不在少数。 为什么有些孩子却偏偏选择了复仇呢？

家庭因素才是关键的内因。 我从一些孩子那里了解到，许多孩子之所以动手报复，原因来自爸爸妈妈在家里的一句话：孩子，千万别吃亏。 别人欺负你了，你别怕，也要上去动手打。 这样的观念，从短视的目光来看，孩子是不吃亏的，可是长远来看，孩子是吃大亏了。 为什么这么说呢？

姑且不论孩子的做事风格会变得多么简单粗暴，单从心理上说，孩子因为大人的这样一种误导，会养成容易激怒，冲动型的心理模式。

在生活中，我们难免都会遇到挫折和伤害，也都普遍存在抵御外界伤害的能力，诸如眼泪、愤怒等，但我们却要勇敢地学习冷静面对，正确地处理风波，大事化小，小事化了。 这才是解决之道。 让孩子打不还手、骂不还口显然是不可能的，但问题在于，我们在教给孩子报复的同时，却忽略了：在这种锱铢必较的行为之下，孩子如何能够冷静下来面对自己的问题？ 难怪现在的孩子，一出现问题就会怨天怨地，就是不能从自身找原因，甚至连起码的冷静都没有，只会出于本能破口大骂，或者大打出手。 这些都是不足取的，也是有严重危害的。 毕竟，矛盾激化只能使事情变得无法收场，最后双方同归于尽。

不分青红皂白的家庭教育，夸大了孩子本能保护、还击伤害他人的天性，导致孩子在学校里经常会因为一点小事，和同学闹意见，打架吵闹，使得人人讨厌，犹如过街老鼠，严重影响孩子的身心发展，造成孩子人格的缺失，长大后再把这种理念传达给自己的孩子，久而久之，就成为了一种行为模式，一种逃不脱的心理宿命。

○ 结论及对策

独生子女娇生惯养，但来自爷爷奶奶爸爸妈妈的过多宠爱，使得他们缺乏冷静，不能独立解决风波。 这个时候，就需要做家长教给他们控制情绪、解决问题的方法，以下几种方法供大家参考：

1. 向孩子明确一点：出了事情要大事化小，小事化了。 和谐共赢。

2. 当孩子和别人起了纠纷，要从正面引导，合理解释，绝对不能在旁边煽风点火。

3. 引导孩子管理自己的愤怒，排泄自己的愤怒，不能动用暴力。

4. 孩子的愤怒是因为内心受伤害而引起的，所以要从内心入手，缓解受伤害的情绪。 这时候就要合理疏导孩子的情绪，让孩子认识自己的情绪。

5. 了解孩子情绪的背后埋藏着什么样的心理误区。 比如有的孩子因为别人说自己笨而生气，说明孩子过分在意别人的评价，那么就要注意从这个方面疏导孩子。

○ 能量环的使用方法及步骤

1. 对于这类孩子，让他戴上能量环感受内心的温暖。戴在右手上，让他想象自己被大家尊重喜爱的场景——有好多朋友都愿意跟他玩，跟他说话，阳光很明媚。

2. 戴在左手上代表孩子很孤单，让孩子想象——黑暗，阴冷，被人打。让孩子体验自己的情绪之后，如果有人和他有纠纷，就要让孩子选择能量环应戴在哪里。

3. 孩子选择戴在右手上的话，家长也要选择戴在右手上。这样大家就感受到自己内心的富足，不会怀疑别人是欺负自己。

心灵手记22：我不爱吃饭

小方是个瘦弱的女孩，看起来有点营养不良，已经是10岁的孩子了，身高和体重却只和六七岁的孩子一般。她的精神也很差，注意力难以集中，脸色不是红润的，有些偏黄。

跟别的孩子比较起来，她好像反应也稍微慢一些。用小方父母的话说，这个孩子太笨，太迟钝。一开始我并没有注意到她的其他方面，但是在和家长的交流中，才知道小方经常不吃饭。

无论是下课还是上课，小方总坐在自己的座位上发呆。手里的零食不多，但是总有零食。和班里其他的学生们比较起来，她也算是一个天天买零食的"花钱一族"。虽然老师有禁止零食的规定，但是她控制不了自己。

像小方这种厌食、几乎以零食为生的孩子，在生活中也并不鲜见。有的孩子是心理性厌食，而有些则是病理性的。小方的父母很早就把她带去医院检查过，身体各部都没有问题。这说明小方的问题出在心理方面。

我们都知道民以食为天，人是铁饭是钢，也知道身体发育不好会影响人的智力，不过，大家可能对厌食影响人格发展不熟悉。这里我们就来说一说。食物是一个人生命的延续，对待饭食的态度，可以贯穿在人的一生当中。如果厌食，孩子就会无力，力不从心，缺乏生活的斗志，也缺乏良好的愿望，活得很灰暗；如果经常吃零食，就会让孩子过分物质化。

那么，孩子怎么会厌食呢？ 这里我们就来分析一下厌食孩子的心理状态，查找一下他们厌食以及吃零食的原因。

心理分析 1. 外在因素。 到处都有卖零食的超市，学校附近的小商店更是鳞次栉比，这些无疑成了引诱孩子吃零食的导火索。 在这些引诱之下，教孩子学会忍耐，学会选择，学会合理分配自己的财物，合理安排自己的生活，就成了每一个家长要做的课题。 常听见有家长抱怨学校附近的小卖部多，心情可以理解，但是改变外在环境毕竟不现实，最好的办法就是改变孩子的心态。

2. 家长监督引导不够，导致物欲化心理特征。 家长在监管疏导方面做得不够，孩子的欲望无止尽地满足，就会导致物欲化的人格。 从心理发展来看，在孩子5岁以前，自我意识不够成熟，分不清楚东西是你的，还是我的。 所以面对超市里自己喜欢的东西，都出于本能地想归为己有。

家长如果只是单纯满足孩子的欲望，为了买东西而买东西，显然就失去了给孩子买东西的意义。 给孩子买东西，是为了让孩子知道，只有把自己通过劳动获得的钱来做一个交换，才能得到自己想要的。 同时也要通过给孩子买东西，让孩子学会选择和舍弃，这样才能不让孩子受困于这些物欲化的氛围。 长大之后，才会对钱有客观的认识和评价。

3. 饭桌上损伤孩子自尊心，导致条件性反射。 我问过一些不吃饭的孩子，他们都普遍回忆，第一次不吃饭是因为在饭桌上，父母总会挑他们的毛病，坐不正，筷子拿不好，饭弄撒了，等等。 甚至有时候会侮辱他们的人格：笨死了，连饭也吃不好！

这样的情况对那些敏感脆弱的孩子来说，简直就是一道"绝食令"。 孩子宁愿选择饿肚子，也不会忍受那种折磨。 久而久之，就形成了条件反射，往饭桌上一坐，就会形成反刍性的毫无食欲。 小方就属于这种情况。 她说她不喜欢家里的饭桌，小时候因为饭弄撒了，被爸爸打了一顿。

4. 吃饭时的负面刺激，形成潜意识的困扰。 在吃饭时，如果出现负面刺激，也容易形成厌食。 比如，饭菜做好，家长之间出现了吵闹，或者是打了孩子，误解了孩子等现象，那么这些负面的刺激，就会留存在孩子的潜意识里。

5.家长过分强制，造成厌食性叛逆。 有些家长过分强调孩子坐姿、吃饭的姿态等细节，会影响孩子的食欲和吃饭的兴趣，这些导致孩子形成下意识的叛逆。

○ 结论及对策

吃饭是一件大事。 正因为如此，才要好好享受这件大事，体验生活的乐趣。 如果在这件大事上出现问题，造成的人格障碍也是无可弥补的。 那么，怎么来营造快乐饭桌呢？ 这里有几点意见供大家参考：

1.给孩子强调吃饭是大事的理念，让孩子好好享受饭菜的滋味。

2.饭桌上绝不提孩子不感兴趣的事，尤其不能揭孩子的短。

3.用开心的情绪坐在饭桌上，谈论开心的事情。

4.不给孩子任何规矩，孩子说吃饱了，就不要再勉强。

5.养成快乐吃饭的习惯只需要 21 天就可以，孩子就会固定下来。

6.烘托饭桌的温馨气氛，让孩子有什么就说什么，提供轻松的空间。

○ 能量环的使用方法及步骤

1.对厌食、挑食的孩子，要让他右手戴着能量环，想象饭菜的馨香，父母对她的温暖、拥抱、轻声的话语。 直到体会到快乐和满足为止。

2.让孩子选择能量环戴在哪里。 她确定戴在右手上，父母也要戴在右手上，并保证绝不再在饭桌上向孩子发怒。

心灵手记23:爱抱怨的孩子从哪里来

小玲在班里学习还行，不过有个毛病，受不得别人的一点委屈，有时候甚至不是委屈，仅仅因为别人的一句无心之言，她也会暴怒地拍桌子。 最为严重的是，她会自己跟自己生闷气，在那里一站就是半天，任凭怎么哄都不行。

有次班干部批评了小玲，结果她不管不顾地在课堂上闹了起来，负面情绪一发不可收拾。

其实生活中这样的孩子也有很多：出现问题大怒，摔东西，对人不依不饶。仔细分析这些孩子的心理，不难看出，他们的生活是以抱怨为主旋律的。他们的潜台词就是：只有我对不起人，哪里有人对不起我的。

这种心理模式对孩子的健康成长危害极大。那么，到底是什么导致了这种怨气冲天的心理模式呢？这里我们就着重从家长身上来仔细分析一下。

心理分析 1.家长经常抱怨，孩子就会学会抱怨。言传身教胜于任何教育，尤其是对模仿、学习能力都很强的孩子们。父母的榜样作用对孩子影响巨大，同样，父母若起了一个坏头，孩子也容易受到负面的影响。我经常和学生们玩心理游戏，每次都能猜对他们的父母说话的语气、经常性动作，包括对他们说的话，让学生们惊讶不已。其实这并不是难事，孩子就像是一面镜子。只不过大人在暗处，孩子在明处。

心理学上有句话是这样说的：如果你觉得孩子缺点多多，那么说明你自己也是缺点多多；如果你觉得孩子十分优秀，那么说明你对自己的感觉也是良好的。这句话就说明了孩子是父母的镜子。大人之所以不接受孩子的一些特点，是因为自己本身也有。这里就讲到了一个心理学上的概念：内在的父母，内在的小孩。

在每一个人的内心里，都存在着一个内在的父母。这个父母正是早期家庭教育当中的父母原型，虽然长大成人，却会固定那些模式在内心来约束自己。在每个人的内心里，也同样存在着一个内在的小孩，这正好和内在的父母是相互对立的。为了逃避父母的抱怨，我们的内在小孩会要么逃避，要么顺从。就算是逃避，也会在无形中学会抱怨，在未来的家教生涯中，对自己的孩子实施抱怨。这一点，可能很多父母都没有注意到。

孩子经常抱怨，一定是和孩子最亲近的这个人也经常抱怨。家庭里经常会出现抱怨之声，那么孩子走出来，也是这样的人。小玲说，她爸爸生意如果不好，就会生气摔东西，有次把家里烧香的菩萨都摔了。她还说爸爸经常和妈妈吵架，每次一吵架，妈妈就会带着她，离家出走。她记得很清楚，在6岁的时候，有一次跑到公路上，待了一夜。

我后来专门考察了一下小玲的吵闹对象，主要是男孩。这就是她妈妈的心理模式，已经潜移默化地成为了小玲的心理模式。

2.家长经常将怨气发在孩子身上，孩子就会身不由己。曾经教过一个学生叫小洛，不但胆量极小，而且在人际交往中常常扮演受侮辱的角色。即使班里学生都嘲笑他，他也觉得无所谓。这种对嘲弄麻木的状态，就是一种被抱怨熏染后习以为常的心理状态。试想一下，当孩子从生下来，每天都会感受到强大的抱怨，那么身边就会架起一座抱怨的磁场，孩子的心灵一定会受到损伤。孩子在生活中就会被抱怨所改变，性格上变得退缩，人格的不完善可想而知。

3.家长将怨气包藏起来，孩子也会受到感染而莫名忧伤。有的家长可能也知道抱怨不好，所以将很多委屈包藏在心中，从不吐露出来，但是这也是有害的。有一年教过一个学生，发现有一段时间他总是莫名地想哭，内心烦躁。后来我把他的妈妈找来，最后果然在她身上找到问题。这个男孩的妈妈追求完美，做事总希望做到尽善尽美。所以内心有很多负累，却从来都不倾诉。结果孩子被这个磁场所吸引，感到一种难以名状的苦痛。这就是问题所在。

4.家长选择的心理模式成为孩子的潜在榜样。生活不可能一帆风顺，只有调整好自己的情绪，解决好自己的心理问题，才能轻装上阵。可惜很多家长似乎都忘记了，自己有选择人生模式的权利，只是他们都放弃了这种选择的权利，出于本能一味地抱怨，而这种心理模式，恰好为孩子树立了一个负面的"榜样"。

5.内在的"小孩"导致了怒气的上扬。在孩子的内心里，都有一个时时刻刻准备叛逆的"内在的小孩"，表面上是看不出来的。但是当矛盾出现，内心的委屈就会成为导火索，导致怒气上扬，孩子就变成了无法自控的"疯子"。这个问题，给我们的家庭教育敲响了警钟。

○ 结论及对策

对孩子的情绪管理，是一个十分重大的课题，必须从日常生活中一点一滴的家庭教育中熏陶、渗透。这里提出几点建议，供大家参考：

1. 调整自己的情绪，尽量心平气和地面对孩子的问题。

2. 不将自己的愤怒强加给孩子，学会"冷"处理问题。

3. 在没有让自己平静下来之前，不谈事情。

4. 家庭中如果出现纠纷，一定要让孩子正确认识那些负面情绪，和孩子共同成长。

5. 不压制孩子的情绪，重在疏导。

○ 能量环的使用方法及步骤

1. 对爱抱怨的孩子，要让她静心下来。 如何静心呢？ 就是使用能量环。 戴在右手上，让孩子想一些快乐的事情，感受自己的心里很舒服。

2. 戴在左手上，让孩子想象冬天手被冻冰的感觉，或者想一些自己害怕的事情。

3. 让孩子确定自己要戴在哪一只手上。

4. 孩子选择戴在右手上，父母也要选择戴在右手上。 父母一旦确定在右手上，就要改变自己，不再抱怨。 如果出现抱怨，就要戴在左手上。

第 3 章
听懂孩子的心里话

心灵手记24·学生日记01：我不是临时玩具

孩子不快乐，孩子没有存在感，做父母的，一定要检讨自己，是否疏忽了和孩子的沟通和交流。 千万不要以为，带孩子旅游，给孩子美食和金钱，就可以解决一切问题。 孩子需要的不是这个，而是可以谈谈心事、说说委屈的好父母。

拉拉 13 岁，是个很有个性的女孩。 性格开朗奔放，但眼神里却常流露出忧伤。

下面就是她的这篇日记。 名字是她自己加上去的。 我把错别字修了，其余几乎都没有改动。

2007 年 9 月 28 日　天气 不定　心情 郁闷

快要放假了，家里说要带我去海边玩，算是旅游，叫我散心。 我对他们说我不想去。 也不知道怎么搞的，就是想和他们闹别扭。 其实，我心里是怎么想的，他们一点儿也猜不到。

小时候一直都盼望能这样，全家人出去走走。 可是现在，一点儿都不想去。没意思。

老爸和老妈，说的话超级的啰嗦。 其实对我要求，也就只有一条，学习。除了这个，没有别的。

想让我到海边玩玩，也无非是讨好我，让我回家来好好写个心得体会，体谅他们的苦心，体谅他们对我的期望。

这个圈套，我早就腻味了。 小时候，老师也经常这样。

老爸忙得屁颠屁颠，还抽时间跑来跟我商量："拉拉，你说，到底想去哪儿？ 十一长假，由你做主，行不行？"这算是老爸的诱骗手段。 假民主的模式。 我早就看透了。

不管他们说什么，我一概摇头。 我就是不想去。 随便你们怎么折腾好了。总之，我不去。 看你们怎么轮番表演呢。 这个家里，我都过了十几年了，还能不了解吗？

还是老妈沉不住气了，这下终于露出狐狸尾巴了，她拍着桌子，气恼地叫："刘赫拉，你还反了都！ 不吃软，想吃硬，是不是？"

听听！ 我就知道，他们就这一副德性！ 对我；从小到大，就是软硬兼施。除了这个，我还真没有见识过他们别的。

瞧瞧，老妈动用了杀手锏，她义正词严地说："你要是不去，拉拉，我跟你说好了，从今以后，别想跟我要什么！"

看，老妈的威胁厉害吧。 在生活中，在我的记忆里，她一直都这样，我就是这样长大的。

现在我不怕她。

可是我很难过，很难过。 我想说，老爸老妈，我不当你们的临时玩具，行吗？

你们都说我是个疯丫头。 可在我的心里，很苦涩很苦涩的。

十四年来，我其实只是你们的一个临时玩具，高兴的时候，给我买好吃的堵住我的嘴巴，买好看的衣服给我穿，穿出来还是装装门面，不高兴把我随便往别人那里一放，好几天没有音信。

现在我长大了，学习就是他们的软肋。 可是我讨厌学习，十年前，他们不是说要挣钱供我上学吗？ 可是上学对我来说，没有意思。

下一辈子，我绝不愿意再做他们的女儿！ 除非，除非⋯⋯

心理分析 1. 外表不一，掩藏内心苦痛。 拉拉的日记结尾，用了省略号。 看得出，她对父母充满了期盼，希望他们能给她真的爱，能走进她的内心里去，能倾听她的心事，能给她安慰。 日记中的情感十分纠结。

这个女孩外表开朗，看起来毫不在乎的样子，其实正是为了掩饰内心的慌张和孤独。在日记里，拉拉充满了对自己家庭的失望和痛恨。我想说，这绝不是一个个案，而是国内具有代表性的一种家教下的成长模式：孩子内心落寞，外表开朗。

2.家教模式缺乏内化，只重视表层。拉拉的日记，向我们揭示了一种家教模式，那就是只重视表层，给钱给东西，看起来满足孩子的各种要求，实质上却疏离了孩子。尤其是现在这个时代，很多父母为了挣到更多的钱，做生意或者外出打工，将孩子寄存在别处，这种情形使得孩子的内心没有归依感，也最容易出现心理问题。

外化的家教模式，有一个最显而易见的好处，就是效果立竿见影，但后遗症也很大，容易摸不透孩子的心理，不知道孩子想要的是什么，和孩子产生心理隔阂，久而久之，和孩子之间的鸿沟越来越深，所谓的代沟就是这样来的。所以，想要让孩子快乐，就得进行内化的教育。内化的教育，我给它起了个名字叫做"心灵家教"。实施心灵家教，就是家长能找到和孩子契合的角度，定位自己和孩子的角色，和孩子活在快乐中。不强加自己的意志给孩子，和孩子多多互动。当然前提是，找到自己的童心，与孩子做朋友。

○ 结论及对策

父母是孩子心灵的定海神针。能和孩子一起说说话，听听孩子的委屈，谈谈彼此的经验，对孩子来说，就是最大的幸福。

孩子的心灵是外在生活的动力，只有心理健康才可能找到学习的兴趣。那么，该怎么进行内化的家教呢？这里有几种方案，供大家参考：

1.主动和孩子说说心里话，走进孩子的内心。

2.和孩子多进行交流，谈谈经历过的事情，听听孩子的想法。

3.进行快乐的旅程，找到和孩子交流的兴趣点，和孩子产生共鸣。

4.多认识自己以往家教模式中的弊端，不断吸取教训。

5.出现家教方面的问题，要勇于向孩子认错，并能够认同孩子的一些想法。

○ **能量环的使用方法及步骤**

1. 对于这类孩子，让她将能量环戴在右手上，想象自己被父母捧在手心的感觉，同时想象画面：父母静心倾听她说话，大家一起手拉手很开心，阳光很明媚。

2. 父母也将能量环戴在右手上，想象画面：和孩子一起说话，大笑，孩子亲热地拥抱着自己。 将这一幅画面放到最大，颜色要调整成自己最喜欢的温暖的颜色。

心灵手记25·学生日记02：我不知道想要什么

这是男孩小林的日记。 之前因为不写作业、打架的事情，我叫来了他的家长。 家长说这个孩子过分叛逆，不好管教，很让人头痛。 于是我提议孩子写出自己的内心想法，不管什么想法都可以，只要是真实的感受就行。 另外再具体谈谈自己对家庭、对自己、对亲人的一些看法。 这是我由此获得的一篇日记。

2007 年 10 月 26 日　有风下雨　天气冷

老师那天问我，你是个什么样的人？

我想了想，没有回答。 我不是不想回答，是因为我不知道。

程老师问我，有没有亲人夸过你？ 我想了想，其实没有人。 他们都很忙，我太笨，也太淘气，不打我就算不错了。

程老师还告诉我，每个人都会孤单。 我开始不承认，其实说真的，我很孤单。

我没有多少朋友。 大家都讨厌我。 我和男生打架，骂他们是猪，也爱往女生的桌子里放东西吓唬她们。

我挨过的打很多，爸爸打过，妈妈打过，他们也骂我是猪。 我不怕他们，为写作业，天天打也没有用。 我讨厌写作业，讨厌他们让我干的一切。

我最喜欢的人，只有外婆。 小时候，她总是会笑眯眯地看着我，问我，长大了，你想送给外婆什么东西啊？

我就总是会脆生生地答，我给外婆买一个手杖，让你走路一点儿都不累。

外婆总是会甜甜地笑。 在我大的时候，外婆总会把小时候我的这些事儿，讲给我听。 我听得很开心。

可惜唯一爱我的外婆走了。 那年我只有 8 岁。 我哭了好久。 外婆睡着了。她肯定是累了。 她看着我的脸，什么都没有说。

班里大家都知道我有钱。 我可以想要什么就有什么。

老师问过我，你这样每天不写作业，也不听讲，你到底想要什么？

我想说，不知道。

心理分析 1.内心孤单带来外表的强硬。 从日记里我们看到，小林属于典型的外强中干：这类人表面看起来飞扬跋扈，内心却极度孤单脆弱。 为了掩饰内心的脆弱，他们做各种事情，打人、骂人，或者是打架、斗殴等。

2.幼儿期父母的溺爱，导致了孩子的自我放纵。 在孩子幼儿期的时候，父母的溺爱，导致了孩子的放纵。 孩子想要什么就有什么，内心里就觉得自己理所应当获得一切自己想要的。 当孩子进入少年期，在 8 岁左右，就出现了行为的偏差，开始拒绝自己该做的事情，从自己的放纵心理出发，想做什么就做什么。 这个时候，家长才发现需要管教了，于是采用武力打骂。 这样就犹如火上烧油，越发助长了孩子的对立。

也就是说，存在着两种极其不当的家教模式：溺爱和打骂。 当这两种危害极大的家教强加给孩子时，孩子就变得无所适从，大部分孩子最终会选择向外宣泄的方式来面对自己的处境。 这也是小林性格中孤单跋扈的原因。

3.溺爱助长孩子的本能，是孩子迷失自我的工具。 在幼儿六个月的时候，他是没有自我意识的。 当他转动自己的身体，就以为世界也会转动。 但在 1 岁左右，如果你在孩子的鼻子上点上小红点，他照镜子的时候，会摸小红点，而不是摸镜子，那么就说明孩子有了自我意识，能够分清你的，我的。

但是溺爱就不同了。 孩子想要什么，就要什么，有求必应，孩子的本能就会得到助长，分不清你的，我的，分不清现实还是虚幻，他们会没有"条件"概念，混淆自己的和世界的，不知道自己的需要必须通过正当的条件交换才能得到。 这种混淆应用到生活中，就变成不愿受约束，不能自律，毫无纪律性等。

这就给我们的家教提出了一个方向：杜绝溺爱，学会真爱。

4.打骂剥夺孩子对自我的认知，造成应激性仇恨。 人类对于外来的攻击，具有本能的反抗和自我保护意识。 当你将手伸向孩子的时候，每个孩子都会出于本能地去保护自己，选择逃避。 所以，对于家长来说，选择打孩子的教育方法，只会激起孩子内心的仇恨。 对于孩子的成长毫无益处。

○ 结论及对策

对于孩子的自我迷失，我们该怎么办呢？ 这里有几条建议，供大家参考：

1.幼儿期对孩子注重疏导，想要什么可以，但是大人要给孩子讲清楚，让孩子明白"交换"这个道理。

2.孩子犯错之后，要采用温和的方式，帮助孩子认识错误，教会孩子改正错误，但绝不能采用强制手段。

3.对少年期的孩子要采用商量的语气，不能粗暴强硬。 大人语气轻软，让孩子乐于接受。 顺着他们的心理来说话，比如：事情既然出来了，我们做父母的，也不打你，咱们尽量想办法弥补吧。

4.孩子即使犯错，也不能就此侮辱孩子的人格，像"你怎么这么不省心"，"你能不能少惹点麻烦"等话，千万不能说，要照顾孩子的尊严。

○ 能量环的使用方法及步骤

1.对这类孩子，要让他将能量环当做一个帮助他找到自己的有力工具。

2.让孩子想象一下被父母疼爱的场景，并让他说出来看见什么，听见什么，摸到了什么。 这个时候选择将能量环戴在右手上。 他如果想象很成功的话，孩子就会说得很清楚，很完满。

3.父母也要和孩子一起，将能量环戴在右手上。 想象自己和孩子幸福生活的场景。尤其是要能想得十分清楚，有时间点，有地点，有景色，有声音，有画面。 临睡再配合能量环冥想十分钟。

心灵手记26·学生日记03：妈妈我要让你过好日子

这是男孩小南的日记。 我是无意中看见他这篇日记的，其中有些困惑，正是我们的家庭教育带给他的。

2008 年 11 月　寒冷天气

课堂上算错了一道题，回家就惨了。 妈妈又开始数落，你怎么搞成这样子？给你买那么多的资料，难道都白做了吗？

我只有坐下来，填写资料，做永远都做不完的卷子。

妈妈对我抱了很大的希望。 她做梦都希望我能考上大学，实现她的大学梦。

她总是说自己多么的辛苦，多么的忙碌，目的就是为了让我好好上学，将来考个好大学。

程老师说，学习是为了寻找快乐。 寻找真正的自己。 我喜欢这个理由。

可是妈妈说，你上学就是为了报答父母，报答老师。

我有些不明白，上学到底是为了什么呢？

爸妈经常说，考不上大学，就没有饭吃了。 以后怎么生活？

想想明天，我真的不知道，自己有没有饭吃，是不是还有人会给我饭吃。

我很害怕。 我长大了想让妈妈过好日子，让她不用上班，天天坐在家里。如果没有我，她现在就不用这么辛苦。

从小的时候，我就想报答父母，考上大学。 可是现在以我的成绩，连父母的要求都达不到，可怎么实现这个愿望呢？

唉。 我是家里的重心，都怪我，为什么要考这么差？

心理分析　小南的困扰来自认知上的误区，完全是因为父母的不当引导所造成的，这些观念很有代表性，我们做一个分析：

1. 上学是为了报答吗？

在很多家长的观念中，给孩子附加一个动机，可能对孩子发奋学习有很大的促进作用。 基于这个想法，他们对孩子说："你好好学习，长大了报答妈妈，报答老师。"这个理由貌似无可厚非，但仔细推敲，却未免有些牵强。 让一个小小的孩子，为了这个为了那个而刻苦读书，那就是把求知变成了一种责任，一种义务。

这样做能对孩子起到约束作用吗？答案是否定的。对于孩子来说，他们需要的是鲜活生动的学习，而不是这种说教诱骗。求知不过是他们成长路上必须的，不必给予太高的过分的要求和意义。

学习就是学习，求知解惑，这是学习的最大本质。所以在我们决定要对学习附加情感之类的东西的时候，一定要慎重。

2. 妈妈那么辛苦工作都是为了我。

小南认为，自己的妈妈辛苦工作，都是为了他，所以他内心里背负了沉重的良心债。这使得他的愿望变成了让妈妈不工作，天天在家里享福。他的这个理念怎么来的呢？一定是他的妈妈经常讲自己如何辛苦，如何不容易。

首先我们先来澄清一个理念：工作真的只有辛苦二字吗？如果不用心做工作，发现不了工作的乐趣，那么工作只能是辛苦的。如果妈妈向小南作出工作是辛苦的引导，那么在未来的生活中，小南参加了工作，也会觉得工作是很累很辛苦的，那么他读书又有什么用呢？发现不了作为一个人的自身价值，读书学习只是为了安逸地坐着，什么也不做，这样的理念会把孩子变成十足的懒虫的。这也就不难理解为什么在学校里，小南经常逃避写作业，多一点他就嫌烦。

另外，妈妈这样辛苦，就是为了小南，这让小南产生负罪感，而他又无力解脱，久而久之就会产生无助感。小南在学习上很被动，经常需要老师和家长的督促。他内心里虽然有一个虚幻的愿望，却不能落到实处。原因在于，妈妈将自己对工作的辛苦强加给了小南，小南害怕辛苦。

我经常会问一些孩子长大想干什么，很多孩子说，做生意。我问他们为什么不上班，他们说太辛苦，太累，没意思。这个现象，正是家长引导不当的结果。干工作固然辛苦，但是要引导孩子体会工作的意义所在，这样才能激发孩子的人生兴趣。不然的话，未来生活中，孩子会出现很多问题的。我们的家教不要拔苗助长，眼前固然重要，但未来才是最重要的。

3. 上大学是最终目的吗？

小南妈妈的误导还在于，她将上大学和生存建立了联系。上不了大学，吃饭就成了问题，这个命题显然是不成立的。她这样的引导，会让孩子觉得惶恐，而且这种惶恐的心理会一直带到他可以明辨是非的青春期，那个时候，这个理念已经被他的潜意识所接受，他就会活得十分卑微，觉得自己太失败，从而活在自己一生的阴影里。

其实从人格上分析，小南的妈妈就是这样的人。因为她自己没有考上大学，她就一直活在这个阴影中，觉得工作累，自己受人歧视，这反映出她当年在这种理念的迫害下，一直都没有得到解脱，到了现在，又把这个阴影强加给自己的孩子，不能不说是个悲剧。

近些年来大学生自杀、研究生自杀的事件频频出现，原因就在于找不到目标和方向。因为小时候，大人们渗透给他们的人生理想就是考大学，那么考了大学之后呢？他们似乎从来都没有考虑过。所以，陷入迷茫的大学生们普遍觉得，小时候的家教简直是个骗局，大学并不能带给他们一切，道理就在这里。学习的目的是为了找到自己的价值所在，然后挖掘自己。所以我们提倡终身学习，只有这样才是人发展的唯一正道。

○ 结论及对策

这又回到了读书的目的上。读书求知不过是为了获得知识，进而成长、成熟。至于好工作、好前程、报答父母都与读书无直接关联。家长要教给孩子的是认识自己，找到自己想要的方向，并为之努力。这里有几点意见供大家参考：

1. 还原学习的本来面目，让孩子体会求知的快乐，学而时习之不亦乐乎？学习就是为了解惑。

2. 在学习上不强加任何附加条件，提倡孩子终身学习。大学不是唯一的目的，找到学习的快乐才是最终的目的。

3. 发展自己，开发自己，发现自己的价值，这才是人生的最大意义，也是最高的目标，大学只是其中的一个小小的目标而已。

○ 能量环的使用方法及步骤

1. 对这类孩子，要让他确定，自己的学习和妈妈的幸福无关。这里配戴能量环来配合。

2. 让孩子戴在右手上，妈妈也要戴在右手上。妈妈告诉孩子，或者是暗示孩子：妈妈很快乐，也很幸福。因为孩子一天天会长大，不会是从前那个什么都不知道的懵懂小孩。

3. 让孩子从心里感受到自己的幸福，还有妈妈的快乐。一直将能量环戴在右手上，就体会到幸福永远存在。

心灵手记27·孩子日记04：我比不过别人还是好孩子吗

这是女孩小落的日记。 在班里她有些内向，经常沉默寡言的。 学习上有些力不从心，总觉得自己达不到目标。 为此我让她写篇日记，谈谈自己的困惑。

2009 年 10 月 2 日　心情不好

今天放假，和妈妈出去逛街，路上遇到了上幼儿园时候的好朋友莉莉。

本来我很高兴的，可是都因为妈妈说了一句话，破坏了我的心情，真讨厌！

我最讨厌的话，每次都是这样从妈妈嘴里说出来。 我有时候真觉得，妈妈简直是个乌鸦嘴。 她似乎一点儿都不懂我。 难道她小时候就是天才吗？

莉莉妈妈可喜欢她孩子了，连连夸莉莉。 可是我妈妈就会一句话：你那个孩子，要换给我就好了。 我们家落落哪次考试能比过你们呢？ 哎呀，这孩子真是没法比。

我真想说，没法比就别比！

我妈就知道要我跟人家比，今天比过第十名，明天比过第六名，后天比过第一名。 真没有意思。 反正我比不过别人的。 她也不用逼我。

这几天大队委选举，明明该选举我当大队长的，结果被别人抢了去。 凭什么啊！ 我的分数比别人差吗？ 真不公平。 为这个事儿，我想起来就难过。 妈妈说，只要努力就能有结果！ 我觉得我做得蛮好的！ 我明明比过别人了，为什么还不能实现这个梦想呢？

当不了大队长，成绩也比不过莉莉，真够失败的。 真郁闷！ 算了，不争了，反正也没有用的。

老师，比不过别人，我是个笨孩子吗？

心理分析　这是 11 岁的落落对自己现状的描述，也表达了她内心的困惑。 从字里行间可以看到，落落十分无奈，尤其是她对自己没有能够竞选上大队长，内心耿耿于怀。 她写的这两件让她困惑的事看似不相干，其实都来自同一个心理：攀比心理。

那么攀比心理怎么来的呢？ 在家庭教育中，过分强调攀比，会给孩子的心灵带来什么困扰呢？

1. 攀比心理好的一面是可以提高孩子的动机。

拿自己和别人做比较，从表面上看，可以促进孩子的上进心，提高学习动力。 但是有一点，这个心理机制是有别于人的。 孩子的各种心理状况不同，经常使用这种方法，就会形成一种心理模式。 凡事都和别人比，成绩比，名次比，为比较而比较，甚至为了比过别人而采取不正当的手段。

落落之所以想要当上大队长，就是想要超过别人，而且在选举过程中，她们都有拉票的做法。 为了拉票，她们也是互相攀比，看谁拉的人多。 她们不惜动用手里的零花钱，进行贿赂。 闹到最后，看谁家里有钱，谁拉的人就最多。

由此我们可以看到，攀比心理是一种貌似有用，但实质上却暗藏破坏力的不良心理动机，表明了对自己的不接纳。 那么，它有什么危害呢？

2. 攀比心理减低孩子的承受力。

孩子的承受力，尤其是情感承受力是有限的。 过分攀比给孩子的心理造成过多负担，只会降低孩子的承受力，不利于成长。

如果落落从一开始就是本着参与就是快乐，展示自己就是快乐的初衷，那么她内心的苦痛、失落就不会这么强烈。 但是现在，她失却了承受能力，习惯于各种攀比使她不愿意被别人比下去，她觉得被比下去是丢人的事儿，是没有面子的事儿。 这就是落落出现问题的原因。 在班里，成绩比不过别人了，落落就好几天打不起精神；成绩比过谁了，就兴奋不已。 这种高波动的心理，适应不了她的学习生活，更适应不了未来的社会。 没有良好的心理素质，单纯为了和别人攀比，这些做法都是不足取的，但是问题在于，目前国内很多学校，天天搞竞争，让孩子和家长也形成了攀比的思维模式。 未来的发展需要的是团结和共赢，而不是你比过我、我比过你。

3. 攀比心理造成孩子好胜、好斗、斤斤计较的性格。

这两年学校里的孩子普遍有一个现象，就是好胜心强，好斗，而且出了矛盾，不打个头破血流誓不罢休，谁也不服谁，谁也不让谁，如果退让，就是吃亏，就是失败。 显然，在家庭教育当中，和别人比较的惯性思维模式已是根深蒂固。 我把这种教育叫做"因果悖论"教育。 为什么这么讲呢？ 因为我们要的结果是让孩子好好学习，喜欢学习，而这个心理最终造成的是好胜，好斗，不能不说是令人悲哀的悖论。

4. 攀比心理容易让孩子陷入内心的困境。

在攀比心理引导下的孩子，更容易患得患失。 有了荣誉高兴，得不到荣誉就沮丧。 心理调节能力太差，不能对自己进行客观公正地评价。 活在别人的眼光下，以比过别人为荣。 这样的孩子太累。

5. 攀比心理导致孩子过分物质化。

许多孩子互相攀比书包、文具的高档与否，攀比衣裳、鞋子是否名牌，这个现象引起了很多家长的关注。 其实孩子想要好东西本来无可厚非，但是为了和别人一较高低，过分讲究物质，过分追求荣誉，难免就会产生负面的影响，造成性格的扭曲。 因此，过分攀比间接导致孩子的物质欲加强、虚荣心泛滥，对孩子健康成长危害极大。

○ 结论及对策

对这种攀比的心理，我们应该一分为二地看待：

1. 适当引导孩子求上进，求荣誉，但前提是不能只为了和别人比较而比较。

2. 要比就和自己比，相信自己今天要比昨天好，明天会比今天好。

3. 不过分强求荣誉，不争强好胜，认清自己的现状，接受自己的现实。

4. 教孩子学会冷静面对自己，接纳自己。

○ 能量环的使用方法及步骤

1. 对于这类孩子，要从能量环入手，改变孩子与他人攀比的心理模式。

2. 让孩子戴在右手上，家长也一样，然后暗示孩子：你本来是个很聪明的孩子。 因为和别人比来比去，结果不知道自己长什么样子了。 请闭上眼睛，看看自己在哪里？ 那里有什么？

3. 暗示孩子，手中的能量环会帮助他，让他找到自己。

4. 孩子如果不能说清楚自己在哪里，就需要多次做这个练习。 如果找到自己在哪里，就要引导孩子，让他找到自己在阳光明媚的花园里。 让他感受到温暖和幸福。

5. 临睡前做这个能量环的训练。 不要间断。

心灵手记28·学生日记05：无条件服从的第22条军规

　　小军在学校里经常惹事，性格飞扬跋扈。 但小军家长平时在家管教得很严厉。 那么，小军的性格是如何形成的呢？ 为此我让小军写了这篇日记，谈谈他对爸爸妈妈的感受，还有对自己生活的感想。

　　2009 年 3 月 25 日　天气冷

　　这几天挨打了好几次。 真倒霉。 要是老爸哪天不打我，我真不相信这事儿会发生在我身上。 打吧打吧。 我什么都不怕。 从小到大，我被管制得够厉害了。

　　老师说让我写写对爸妈的想法，我有什么好说的呢。 他们又改不了。 老爸个子比我高，力气比我大，我又打不过他。 他比我厉害，我除了听话还能怎么样？

　　妈妈说听话才有好果子吃。 老爸说，不听话就挨拳头。 他们的规矩很多。不让玩电脑，不让看电视，不让出去玩，不让馋嘴，不让买玩具，不让偷懒……可是我发现他们照样玩电脑，老爸在电脑上玩游戏，不是也玩得都不吃饭吗？ 老妈天天都要看那个破电视剧，还说不让我看。 他们哪是为我好啊，不就是找个理由，管教我，叫我不惹他们心烦吗？

　　我心里其实一点儿都不服气他们。 不就是家长么，有什么了不起。 等我做了家长，我准保也能管住自己的孩子。 哼，他们都是暴君。 我讨厌我的家。 我要逃出去。 其实我离家出走好几次了，不过因为没有饭吃太饿了，才又回家。

　　心理分析　从这篇日记里，可以看到小军的家规非常严格，这让我想起了一部小说《第22 条军规》。 小军的家教只能用"管教"两个字来代表。 家里之所以有这么多规矩，在小军看来并不是为了自己好，而是怕他带来麻烦。 于是他出现了行为和心理上的叛逆。

　　对于正值叛逆萌芽期的小军来说，无论他做什么，对与错，好与坏都不重要。他要的只是获得叛逆的快感，让父母头疼，他心里就会觉得很爽，觉得解气。这种心理虽然有些不可思议，但却是当时状况下小军的心理动机。

中国式家教中认为，不打不骂不成器，经常严厉管教，孩子才会成才。可是这个例子，却让我们看到，小军刻意叛逆，刻意不服管教，刻意要闯祸，打架斗殴，寻找刺激，这正是对抱有这种想法的家长的一个挑战。

孩子到底是"管"还是"教"？是"管"大过"教"还是"教"大过"管"？管，如何管；教，如何教呢？就这些问题，我们来进行深入分析。

1. 管教在什么情况下成立。

"管教"指必须施行某种强制性的外力，让孩子产生畏惧之心，继而才会达成某种事项。这个管教行为实施的对象是那些犯过大错的人。假设孩子从一出生，我们就采用管教的手段，不让孩子做这个，不让孩子做那个，给他设置许多条条框框，如有违反就采用武力管教，那么孩子会怎么样呢？有两种情况，要么唯唯诺诺，要么蛮横跋扈。因为在这种严厉管制的氛围中，一种是屈服，一种是反抗。所以成人后的人格，也会是这样的。

军队就是管教式的训练模式。从军队里出来的人都有一个特点，就是只准服从，说一不二，不近人情。当然优点是雷厉风行，说干就干。他们的性格是在管教之下得到了重塑，毕竟军营是特殊的机构，保家卫国，必须有严格的纪律。若一个家庭也用同样的方式来教育孩子，对孩子的内心压迫是可想而知的。要让孩子的个性得到充分的展示，孩子才能发挥自己的特长，而不是一味地弥补自己的短处。不然的话，孩子心里痛苦，生活就会没有动力。由此，管教是因人而异的，教育孩子要讲究方法。

2. 管教其实就是管理孩子，教育孩子。

我们经常说孩子要加强管教，说的其实是对孩子进行管理，进行教育。对孩子进行管理，是一个大的系统工程。包括衣食住行，知、情、意、行。大到人生理想、人格培养，小到穿衣吃饭。管理孩子的身体，负责他的成长，还要教育孩子的灵魂，引导他学会快乐地生活。这就是我们作为父母们该做的事，也就是我们所说的"管教"。

管理孩子的身体，是我们做父母的应该尽到的责任和义务，教育孩子做一个灵魂富足快乐的人，是我们作为父母最刻不容缓的责任。调整孩子的内心，不让他们痛苦，让他们学习看到自己的长处，对于孩子来说，将是受用终生的。这些都不是通过管教的方式能够获得的。道理在于，强迫之下必有反抗。即便是大人，也是如此，何况孩子。所以，对孩子既要管理好，还要教育引导好，这才是新时代家教的任务。

○ 结论及对策

教育孩子是一门艺术，需要有一颗发现孩子的心去教育孩子。因此，建议家长做到如下几点：

1. 通过言传身教让孩子学会生存之道，诸如吃饭、穿衣、待人、接物等。

2. 让孩子学习自律，放弃自己的一些错误的念头，培养孩子的意志力，重在家长自己的身教。言传是必要的，但身教更重要。对孩子来说，榜样的力量是无穷的。

3. 允许孩子有各种体验，但是不能强制他们体验。提倡孩子勇于尝试，不代替包办。

4. 不向孩子下达任何不合理的强制命令，让孩子提出自己的要求。

5. 多参考孩子的意见，不能一意孤行。

6. 对孩子有紧有松，松紧适度，不能一味强调规则，纪律。

○ 能量环的使用方法及步骤

1. 对于家教严格的孩子来说，通过能量环，要让他体会到自律远比别人管教要好得多。

2. 让孩子将能量环戴在右手上，暗示他，他能够有足够的力量，管理自己，做好自己的事情，并且不会被别人约束。

3. 让孩子体会内心的自由感觉，进行能量环的冥想练习。暗示他，右手的能量环可以让他找到自己的快乐感觉。想象自己在阳光下，自由地捉蝴蝶。

4. 临睡前训练。父母要在右手戴上能量环，和孩子一起感受，一起冥想捉蝴蝶的画面。想得越详细越好，有声音，有颜色，有动作，有背景。

心灵手记29·学生日记06：超级讨厌的家

左天上课注意力很不集中，脾气也很暴躁，这让他的父母非常头疼。 好几次，孩子都从学校里跑出来，说不想上学了。 下面是左天写的一篇日记。

2009年11月22日　天气冷

老师让我说说心里话。 我不知道该说些什么。 这几天很烦。 很倒霉。

这几天为我不写作业，妈妈每天都在飞机轰炸，头都要炸了。 郁闷。 烦死了。

我上课的时候，也不知道为什么，听着听着就走神了。 到底是为什么，我也不知道。

老师说，对你感兴趣的东西，你为什么总是不走神呢？ 是啊，我仔细想了想，我看电视的时候，就不太容易走神。 这一点我还真是没有注意到。

家里其实对我挺好的。 我很感激爸爸妈妈。 可是他们老是吵架，弄得我心情也不好。

爸爸说妈妈啰嗦，天天烦人得很。 我也觉得妈妈很烦人。

如果真的要我说点爸爸妈妈的缺点，我只想说，别再那么啰嗦了。 我实在受不了了。

心理分析　从左天的日记里，可以看到左天是焦虑的。 他的心情是烦躁的。 这明显影响到了他的学习，包括上课注意力。 那么，他这种情况是怎么产生的呢？

1. 家庭中的焦躁可以传染，影响孩子的注意力。

家庭其实是一个气场，就算大人不对孩子说什么，孩子也可以在这个静止不动的气场中受到感染，而表现出有别于他人的行为以及气质。 这就是环境的影响。 可惜许多家长忽略了这一点。 古代有孟母三迁，说的其实是外界环境的影响，而这里我们说的，是家庭的内环境。 父母的情绪，父母的情感生活，积聚起来就是孩子的内环境。 这些内环境将熏陶孩子，形成孩子的情绪模式。

在左天的家里，充满了焦虑的气氛——爸爸烦妈妈，妈妈烦自己的生活。

总之，家里到处都是琐事。妈妈一遇到琐事就发脾气。因此，左天的内心就无法平静下来，他每天接受到的磁场都是紊乱的，其中充斥着抱怨、吵架等负面的情绪，久而久之，他为了逃避这些，就只有学会抱怨、发火，或者走神。

2.烦躁的孩子做事难以有结果。

烦躁的孩子精神状态不好，难以心平气和地做事，更难以心平气和地思考问题。这样的孩子，大多行为上有偏差，经常和同学起矛盾冲突，脾气暴躁，做事虎头蛇尾，顾前不顾后，逃避心理严重。遇到事情想做就做，不想做就不做，不管不顾后果。

3.精神的障碍来自大人的责备。

精神障碍类似于神经官能症。其实这种症状很多人都有，但是有的人能够进行自我调节，不影响自己的生活。这种症状的最直接原因在于，童年早期经常受到大人的责备，而大人之所以责备孩子，与家长的心理状态有关。

现在社会竞争压力越来越大，很多父母调整不好自己的情绪，经常把压力转移到孩子或者另一半身上。经常抱怨，总之在他们的生活中有太多需要抱怨的事情。在这种情绪之下，他们看待自己的孩子，也是抱怨多多。孩子无形中产生了精神的障碍，这就是文中的左天的情况。

○ 结论及对策

从左天的故事中我们知道，关注孩子的成长，需要给孩子创设一个健康向上的内环境。那么，该如何创设呢？这里有几点建议，供大家参考：

1.父母要学会调节自己的情绪，反观自己的行为本身。不去理会外来的情绪压力。

2.评价孩子要客观公正，学会觉察自己是不是把情绪投射到了孩子身上。

3.勇于反省自己的错误。不要把责任一味地推到别人身上。

4.在生活中，要引导孩子心胸开阔，学会寻找快乐。

5.不要刻意强求完美，多看到自己的长处。不妄自菲薄。

6.做事量力而行，作为家长不但自己要这样，还要引导孩子这样做。

7.有时候学学难得糊涂，凡事不可较真。调整好自己的心情。

◯ **能量环的使用方法及步骤**

1. 对于这类孩子，要通过能量环，改变孩子对家庭的感受。着手从改变家的内心意象开始。

2. 让孩子右手戴上能量环，暗示孩子进行冥想练习。冥想内容为：在明媚的天气里，大家都在家里看动画片。很高兴的样子。周围很安静，鸟语花香。

3. 让孩子右手戴着能量环，保持平静的心情。大人也一样，和他一起冥想宁静的画面，感受很和谐的亲子关系。坚持下去，每天十分钟。

心灵手记30·学生日记07：我讨厌写作文

小乔是个男生。成绩不错，但让父母头疼的是他讨厌写作文。每次小乔写作文都绞尽脑汁，但怎么都写不出来。为此，我给他布置了一篇日记，分析下这个在许多孩子中都存在的问题的原因。

2009年11月20日　天气冷

我不喜欢作文，是因为我不会写作文。三年级的时候，作文都是老师让抄写的。后来四年级写过一次作文，写得不好，被老师罚了三篇作文。

后来我写作文，每次都是让妈妈给我说，说一句我写一句。不然的话，我就会偷偷抄袭作文选上面的。

老师说可以模仿，我就只把其中的一些名字做些改动。

作文的用处就是考试。能给我带来什么，我不知道。应该是高分吧。

作文能拿来考试，能拿来发表在报纸上。作文能为我带来什么呢？

这个我不知道。妈妈说，写作文就是为了考高分，得了高分能上大学。

这就是我的答案。

心理分析　家长在引导孩子作文的时候，陷入了一个误区：作文就是为了考试。

很多孩子不爱写作文，原因就是没有从现实的生活中，真真切切地认识到作文的用途，将作文和自己的生活割裂开来，为了写作文而写作文，所以很多孩子才会选择抄袭，也有一些老师选择让孩子背作文，默写作文，久而久之，孩子的思维就被限制了，作文这个最能体现孩子心灵成长的工具，被人们因为应付考试，而糟践了。

那么，作文到底是什么呢？ 作文对孩子的成长有什么意义呢？

1. 作文是孩子思维以及心理发展的外在书面表现。

如果抛开考试，作文是孩子成长的一个有力的工具。 通过写作，孩子可以在构思中重新整理自己的思路，学会在内心里进行选择、判断、思维等多项智力活动，这需要他们高度集中注意力，做到思考有目标，有方向。

2. 作文是孩子对待外在世界的内在思考。

一个爱写作的孩子，他的情感是丰富的，同时思维也是活跃的，他的内在品质也是十分卓越的。 他会静坐下来，进行思维方面的沉淀，比起那些爱动爱吵闹的孩子来说，自然多了一些睿智，考虑问题也会更深刻一些。

3. 作文是整理孩子情感，内化孩子性情的最佳途径。

许多思想家、作家都是重于内化的，性情内敛而温和。 孩子通过作文，可以内化自己的性情，不过于张扬，不过分抱怨，找到这个途径之后，他们会重新发现自己的优点，客观公正地评价自己。 这是让孩子成长的最佳手段。 如果说读书是让孩子学习认识自己的话，那么写作就是用来让孩子表达自己、认识自己。

4. 作文可以给孩子带来性情的陶冶和塑造。

作文给孩子带来的性情陶冶无疑是巨大的。 他们需要从自己的记忆库里调阅很多资料，从事件中挖掘出成长当中的爱、真情、善良等因素，既有效塑造他们的意志力，还能丰富他们的人格。 可以说，作文能够有效促进孩子心理的发展。

5. 作文是孩子和世界系统化认知的最佳手段。

一个孩子对于世界的感觉，很大程度上取决于他的文字。 从孩子的作文中，常常可以看出他们对世界的认识是否系统，是否全面。 小乔的作文不是不会写，而是不愿意冷静面对世界，不愿意冷静面对自己身边的一些事情。 这正反映出了小乔心理没有得到全面发展的成长状况。

○ 结论及对策

如何引导孩子学会写作文呢？ 这里有几点建议供大家参考：

1.让孩子放手大胆地写作，兴之所至，想写什么就写什么。 像生活中说话那样，从生活中找素材，找感受，培养孩子的写作兴趣。

2.多让孩子写写不敢说的悄悄话。 如果自己有了什么委屈，让孩子尽情抒发自己的情感。

3.不让孩子看作文，不让孩子抄作文，尤其不让孩子模仿。

4.小学阶段的作文内容，主要考察孩子的条理性、逻辑性、幸福感、情感发展、意志力、审美性等，写作的要求有写事，写人，写景物，写宠物，写伙伴。可逐步加强对孩子写作的方向性引导。

5.切忌让孩子读同类作文，因为看作文导致了孩子产生自卑心理，不相信自己的作文能力，只顾着抄袭，想偷懒。

6.要让孩子多读读一些儿童类小说，儿童类杂志等。

7.作文的逻辑性和文章的技巧，都是经过训练才能累积的。 需要孩子有兴趣之后，经过多次练笔积累起来。 这个不要刻意强求。 一开始，先要让孩子有兴趣写才行。 不要一开始就要求技巧性的东西。 像画画一样，先让孩子信笔涂鸦，然后再入门也不迟。

○ 能量环的使用方法及步骤

1.使用能量环提升孩子的静心慎思，感受内心，观察事物的能力。

2.让孩子将能量环戴在右手上，闭上眼睛，说说当天看到的东西，进行实物描述。 说说自己的玩具，或者是喜欢的文具。 谈谈对自己的看法，还有对父母的一点建议。

3.让孩子将能量环戴在左手上，父母和孩子谈谈心里的感受，比如，高兴吗？ 为什么？ 有什么事情让自己有这些想法？ 对老师喜欢吗？ 为什么？

注意，能量环戴在右手上，代表给孩子增加了观察，描述实物的能力；戴在左手上，代表给孩子增加了感受自我，感受他人的能力。 通过两种不同的分派，让孩子学会静心。

心灵手记31·学生日记08：我讨厌我自己

兰兰是个文静的女孩，成绩很好。 因为有次做心理测试，我知道了她内心很不快乐，对自己评价也很低。 这让我很奇怪。 所以特意请她写了一篇日记，想看看在她的家教当中存在什么问题。

2009 年 12 月 10 日　下雪

程老师让我谈谈对自己的评价。 我也不知道该怎么评价自己。

我不喜欢我自己。 从小时候就不喜欢。

妈妈说，别人家的孩子都活泼可爱，可是我总是呆着脸，好像谁欠了我钱一样。

我知道，妈妈也不喜欢我。 从小的时候，我就知道。 这是我听爸爸说的。爸爸有次说妈妈偏心。 其实我也觉得，妈妈就是喜欢弟弟。

我讨厌自己是个女孩。 我讨厌自己是姐姐。 我做姐姐，妈妈就会要求我做这个，做那个。

可是我做什么，她都不满意。 她永远都不满意我做的一切。 明明是弟弟做错事，她也会怪我。

好像我做什么，都是错的。

我拼命学习，就是为了让她知道，我要她喜欢我。 可是她就是不喜欢我。

我肯定是没有什么地方讨人喜欢的。 我不怪她。

心理分析　兰兰的日记里，弥漫着一种让人透不过气的悲伤。 这让 11 岁的女孩几乎不堪重负。 虽然她的成绩很好，但是看得出来，她的心里很累，很苦。 她不能接纳自己，不能认识自己，这才是问题所在，这个问题可能会给她的一生带来困扰。

那么到底是什么造成孩子这种过低的自我评价呢？ 有什么危害？

1. 父母的过分挑剔造成孩子对自己的不接纳。

有些父母认为，想让孩子成才，就必须要时时处处都严格要求。 在我们班里，经常有这样的家长，抱怨孩子没有坐相，没有站相，不知道收拾屋子，进屋没有换好拖鞋等等。 为了一些细枝末节的事情，对孩子指责一大堆，说教味十足。 这样下去，孩子就会在家长的挑剔之下，变得小心翼翼、过分敏感、内心自卑、自轻自贱。

2.缺乏安全感，使得孩子过分依赖外界的认同。

因为没有从家长那里获得过尊重，孩子内心就会产生对自己的鄙弃，不愿意认同自己。 兰兰的妈妈也和我谈过，说她小时候父母重男轻女，一直对自己不接纳。 所以后来在对待兰兰的家教问题上，也同样出现了这个思想困扰。 兰兰的妈妈将对自己的不接纳，转化给了女儿。 而兰兰想用好成绩来换取妈妈的认同，其实正是想求得一份安全感。

3.孩子不接纳自己，就会加重孩子的孤独感。

一个孩子对自我的认知，完全是来自大人们的接纳。 如果作为家长不能接受孩子，不能认同孩子，那么孩子就会失去安全感，在生活和学习中，也会显得分外孤独。 在班里，兰兰是尖子生，但她却总是孤独地坐在座位上，下课了也很少出去玩。 她显得很不快乐。 在心理测试中，兰兰觉得自己不够好，觉得自己不够完美。 她不知道自己怎么做才能让自己满意。

这种心态导致兰兰对自己过分的严格要求，每次考试考不到第一名，第二名，她就会觉得自己很失败。 她这种心理模式，将为未来生活的烦恼埋下导火索。

○ 结论及对策

像兰兰这种拼命苦读书的孩子，很多家长都是持赞同的态度，极少能关注他们的内心。 其实，这些孩子的心理，正处于亚健康状态。 那么，怎么来给他们调整心理状态，如何让孩子快乐成长呢？ 这里有几点建议，供大家参考：

1.家长要接纳认同孩子，告诉孩子，无论她是什么样子的，都是大家心爱的孩子。

2.不要过分挑剔孩子，要把握住大方向，不让孩子犯原则性错误就行。

3.培养孩子的好品质，不让孩子犯大错。 至于小问题，要和颜悦色地纠正。

4.给孩子自由的空间，不让孩子受到家长情绪的干扰。

5.不要让自己的情绪影响到孩子的心情。 切忌大叫大嚷，切忌挑刺。

6. 和孩子说话，不要用"你应该这样，你应该那样"的语气。

7. 和孩子交流，不要挑字眼，不要埋怨，不要说教。

8. 适当赞美孩子，认同孩子的努力。 给予孩子尊重和理解。

○ 能量环的使用方法及步骤

1. 对于这类孩子，要使用能量环帮助他们认识自己，了解自己心灵的能量。

2. 家长和孩子一起，将能量环佩戴在右手上。 告诉孩子，这代表大家将要开始寻找自己的旅行。 开始进行心灵冥想训练。

3. 让孩子想象自己走在丛林中，然后引导他，让他说说看见了什么？ 听到了什么？ 自己想走到哪里？ 然后暗示他，能量环可以帮助他，他抚摸右手的能量环，就可以找到他想要去的地方。

4. 家长引导孩子，一步步看到自己，直到他能说出自己快乐地站在阳光下，和父母幸福地拥抱。 然后停止冥想。 让孩子握紧能量环。

5. 一直坚持在临睡前做。 能量环坚持戴在右手上。

心灵手记 32·孩子日记 09：我不想和父母说话

小乐是个很活泼的男孩。 可是却和父母的关系闹得很僵，甚至到了尖锐对立的程度。 为此他的爸爸妈妈十分痛苦。 我让小乐写篇日记，说说自己的心里话。

2009 年 12 月 21 日　天冷

我讨厌和父母说话。 他们太霸道了。 每次都说我说话说得不对。 每次都抢白我，说我除了吃喝玩乐，还知道什么。 我想要快乐，可是每次都被他们弄得心情很郁闷。

我索性不理睬他们了。 要是再惹我，我就和他们一样，大家都互相挤兑，看谁能说过谁。

我不是小孩子了，没那么好哄骗。 我才不相信他们是为我好呢。

我宁可找我的好朋友玩，也不愿意待在家里。

心理分析 小乐的情形，在生活中十分常见。 大人经常抢白孩子，刺伤孩子的自尊心，孩子就会产生挫败感，时间久了，有的自尊心受伤的孩子，可能会就此消沉下去，有的则选择了对立，和家长出现不合作。 小乐就属于后者。

这种心理其实属于应激性正当防卫。 面对家长们射来的口舌之箭，孩子们挺身反抗，也算是孩子本能自保的反应。 所以，家长面对孩子的这种抵抗，一定要摸清孩子的心理。 那么，孩子和家长之间的这种关系，会造成什么危害呢?

1.孩子的应激性正当防卫一旦形成，就会喜欢攻击别人。

家长经常抢白孩子，就会刺激孩子的应激性防卫机制，那么在生活中，孩子有意无意都会打开自己的应激防卫机制，时刻提防别人的伤害。 这种习惯容易使孩子戒备心过重，影响孩子正常交际能力，不利于孩子健康成长和情商发育。

2.孩子的心理模式会变成贬低别人，抬高自己。

在小乐的思维模式中，他是不服输的。 因为在父母抢白的时候，他并没有虚心思考，也没有要想明白父母抢白他是为了什么。 而事实上，他的父母抢白他，也并没有明确的目的，更没有教育意义，只不过是嘴边的话，想说就说了，而且还带着怒气。 这就使得小乐体会到了被贬低的自卑和失落的痛苦感。 于是，在和别人说话的时候，他会有意无意调动自己的情绪，将这种受伤的感觉重新唤醒，变得冲动易怒，而且时时刻刻总要贬低别人，用以抬高自己，让自己屡次受伤的心灵得到补偿。 这是孩子在父母面前得不到释放，转而向外释放的一个途径。 久而久之，孩子说话就会口气生硬，刺伤别人。

在生活中这样的人不胜枚举，原因就是家庭教育中，父母不注意细节，刻意找孩子说话的漏洞，拿孩子的话把撒气。 长大之后这种伤害，带到了孩子的人格中，直至变成这个孩子一生的心理模式，严重影响孩子的交际、生活、工作。

3.孩子考虑问题过分主观，容易钻牛角尖。

因为父母在抢白孩子的时候，是没有教育性的，也谈不上客观公正，仅仅是从看不惯孩子的心理因素出发，这个模式本身就是非常主观的。 很多父母没有机会分析自己的深层心理原因，只是一味挑剔自己的孩子，这就属于钻牛角尖。

对孩子来说，上行下效，你钻牛角尖，我也钻牛角尖。 所以，家庭中父母的思维模式，就这样传给了孩子。 从这个意义上说，看见孩子的心理，其实就看见了父母们的心理纠结。

当然，有些父母家教做得好，他就会规避自己的阴影，整合自己的阴影，不给孩子带来困扰。 那么孩子的成长，就会变得越来越好。 这就是成功的家教。

○ 结论及对策

我提倡心灵家教的意义也就在于此：找到自己家教模式中的不合理处，消除自己的阴影，让孩子的心灵不受伤害。 那么，如何进行这个方面的努力呢？ 以下几点建议供大家参考：

1. 和孩子说话，要有目的性，想好是要夸孩子，还是要和孩子公平交流。不能信口胡说。

2. 不能抢白孩子。 要用道理讲解，但不对孩子评价。

3. 如果家长发现自己有抢白别人的毛病，那么说明你的孩子也一定会有。这个时候，就要开始进行主动调整，找专家或者自己进行心灵修炼。

4. 孩子如果在外面经常惹事，经常和别人吵架，那么说明你的家庭里，父母双方必有一方（或者是都有）有这种心理模式。 必须进行整合学习。

5. 如果孩子怨气很重，那么你也要注意了，说明家里边有人经常抱怨孩子，经常抱怨别人。 需要进行心理调整。 大人必须要做出改变。

6. 调整好自己，才能给孩子的成长带来转机。

○ 能量环的使用方法及步骤

1. 对这类孩子来说，要用能量环进行冥想训练，调整孩子的情绪，整合和父母之间的心灵阴影。

2. 让孩子右手紧握能量环，闭上眼睛，想象眼前出现很多幸福的小鸟，他们在天空飞翔。 阳光灿烂，他和父母走在路上，大家很快乐地说笑。 如果出现的画面是阴暗的，父母很严厉的样子，就要让孩子将能量环戴在右手上，然后暗示他调整画面，把颜色调鲜艳一点，变成他喜欢的颜色。 声音方面，让父母和孩子的笑声放得更和谐一点。

3. 让孩子感受能量环给自己带来的幸福感。 一直让孩子戴在右手上。 临睡前训练 10 分钟。

心灵手记33·孩子日记10：我是个懒虫吗

小慈有次哭着来找我，问我她是不是个懒虫。因为在开会的时候，很多孩子说她很懒，什么都不会做。我让小慈写篇日记，说说自己在家的情况。

2010 年 3 月 12 日　晴朗　有风

我不是很懒的。有好多次，我都想在家做事。老师说，要帮父母做事。可是好几次，妈妈都不让我动手。她说怕我把家里的贵重花瓶给弄碎了。吃饭端碗，她说怕烫着我。

记得小时候穿衣服，妈妈总是给我找好，放在一边。我其实想穿这一套，结果妈妈拿那一套，虽然老为这个生气，但每次都是我听妈妈的话，老老实实穿了她拿的那一套。

我看着别的孩子会做这个，做那个，真羡慕他们。为什么我什么都不会呢？

心理分析　"在家里，你会做什么呢？"这是一次中队会上的讨论。小慈因为自尊心受挫，产生了自己是不是懒虫的疑问。这是小慈思考自己的开始，也是一个非常好的现象。当孩子能反省自己，做家长的应该密切配合，给他们充分的鼓励和支持。

像小慈这样的经历，并不是一个个案，而是一个现象。在不少的家庭里，父母包办孩子从吃饭穿衣到拿书包，心情可以理解，但是却扼杀了孩子的自尊，扼杀了孩子的自信。

1. 让孩子在生活中做事，是培养孩子自信的最佳手段。

很多家长都知道要培养孩子的自信心，可是却找不到实施的方法。其实很简单，让孩子独立管理自己，独立做决定，这就是培养孩子自信的最佳手段。我的女儿 3 岁不到，就学着大人的样子，在洗衣盆里洗她的布娃娃。那个时候，她说的话是："妈妈你看，我把我的娃娃洗干净了！"那种快乐，比大人虚伪的夸赞要真实一千倍。后来女儿又学着大人的样子，刷碗，拖地，我把她做的事情用一个专门的日记本，记录下来，每逢遇到我的朋友，女儿就会把自己的成果拿来给大家展示。慢慢地，女儿的自信心一点一滴积累起来，她经常说："我是世界上最能干的孩子！ 我是最聪明的孩子！"这是她由衷的体会，也是她自己真真切切的经历。 我不用刻意夸她，她就能够认识自己。

2. 给孩子机会锻炼，是培养孩子树立尊严的有效途径。

记得有次家里要来客人，女儿看我太忙，就悄悄地把客厅收拾了一通。 擦桌子，收拾沙发，把东西叠得整整齐齐。 只不过 4 岁多的孩子，做事井井有条。 后来我把她做的这些事，又记到了日记里。 女儿对她的很多伙伴说："我会收拾房间，我会写诗歌，我会画画，我会拖地擦桌子，我会盛饭，我喜欢我自己！"女儿知道自己会什么，也尊重自己，理解自己，她比同龄人更自信。 女儿最喜欢的事，就是工作。 她把做事比作"干工作"。 女儿经常做完她的工作，开心地说："妈妈，我真高兴！"

3. 交给孩子任务是给予他们最深的爱。

每次交给孩子任务，我心里也很不忍心。 有年冬天，天很冷，4 岁多的女儿在冷水里刷碗，姥姥知道了这件事把我狠狠批了一顿，说我不知道爱护孩子。 其实她哪里知道，女儿做事做得很开心。 她还安慰我说："妈妈，是我自己要做的。"我爱她，才要让她这样做，目的是培养她自己的能力，让她自己认识自己，看清自己。

4. 放手让孩子实践还要足够信任他。

女儿刷碗把碗打碎了，我从来不生气，我会让她把破碎的碗片收到垃圾堆里，女儿会拿碗片盛泥沙来玩。 我都不干涉她。 因为我交给她任务，就要信任她。 不能因为出现意外，就把女儿做事的兴趣给扼杀了，那样得不偿失。

在实践中，女儿学会了把饭放凉再盛饭，学会了拖地之前要扫地。 这样她就有了经验，也有了自信心，何乐而不为呢？ 这比那些上各种特长班要来的实在得多，孩子的自信心也摸得着看得见。 点点滴滴都是她自己的回忆，她会更有体会，更有发言权。

○ **结论及对策**

在生活中，想要培养孩子的自信心，远不是说几句话夸一夸就行的。 赞美孩子，之所以不是十分有效，原因就在这里。 孩子没有做什么，自然也就看不到自己的能力。 有些家长认为，让孩子学一些特长，就会增强自信心。 殊不知学特长对培养自信心，是远水解不了近渴。 不如从生活中的点滴做起。

那么，如何培养孩子的信心，树立孩子的自尊呢？ 这里有几条建议供大家参考：

1. 孩子有想在家里做事的欲望，一定注意要引导而不能阻拦。

2. 孩子想模仿大人，不要认为他是在捣乱，而要抓住机会，教给孩子方法，让孩子自己去实践。

3. 平时引导孩子学会管理自己，不要包办。

4. 不能过分干涉孩子做事，更不能因为孩子做坏了事情而苛责，嘲笑孩子。

5. 对孩子做的事情要善于鼓励，善于赞美。 让孩子通过事实感觉到自己的能力。

○ 能量环的使用方法及步骤

1. 对缺乏自信的孩子，要通过使用能量环使他们看到自己的能力，以及行动的效果。

2. 让孩子将自己做的一些事情，成功的往事，或者是最得意的事情回忆一下，并且说说，说得越详细越好，包括当时的天气，环境，自己做事的感受等等，直到孩子说得脸上有笑容。 这个时候，让孩子将能量环戴在右手上。 让他觉得心里更加高兴。

3. 让孩子一直佩戴在右手上。 感受到自己能力所能及的事情，并能放大这种感觉。这个手环象征着，他在自己的心目中，在父母的心目中，是很能做事很勤劳的人。

心灵手记34·孩子日记11：我不是胆小鬼

小涛是个个子高大的男孩，看起来却十分胆怯。 他的父母认为他过于内向，特来请教我。 我让小涛写一篇日记，说说自己最害怕的事。

2010 年 4 月 5 日　天气不好

我最害怕的事是被人骂，被人侮辱。 记得小时候有一次，我把鞋子穿反了，幼儿园的老师把我叫到讲台上，让小朋友们都看看。 后来很多小朋友都笑话我。我因为被人笑话，只顾着哭，一下子憋不住，尿湿了裤子，心里沮丧极了。

在家里，我做错了题，爸妈就总是嘲笑我："这么简单的题都不会，你说你这脑袋是用什么做的？"爸妈说这种话，比打我还要难受。 我害怕他们，害怕看见他们的眼睛。

在课堂上，我也最害怕老师让我回答问题。 我不是不会，而是害怕。

心理分析 小涛的心理，很多孩子都有——怕被人看不起，怕被人耻笑，但是在小涛这里，分外明显。 因为在他的记忆里有一段被侮辱的情结，这导致了他性格的扭曲。 而他的父母，没有看到问题出在哪里，却抓住孩子的错处大做文章，讽刺挖苦，更加剧了孩子的心结，越发让孩子陷入困境。

很多人将孩子的内向归咎于天性，这是缺乏事实根据的。 所谓的内向，是孩子不向外表达，不向外表露自己，不向外展示自己。 事实上，内向也是有好处的，孩子做事很有计划性，也有专注力，但有一点是有害的，那就是不善于推销自己，凡事往后退缩，总认为自己做不好，借此推脱自己。 当然，有些孩子看似爱说爱动，也存在着退缩行为。 他们属于深层内向的孩子。 在这里，小涛就属于内外都很无助的内向型孩子。

这样的孩子对自己的评价很低，也不喜欢自己，不接纳自己，更不能客观公正地评价自己。 他们对自己的评价，更多是囿于大人的眼光，大人不喜欢他，他就讨厌自己，不知道反抗，害怕被人看不起，却又没有胆量做出努力。 这是一种十分无力的心理现象。

这种心理有什么特点呢？ 如何改善呢？ 这里做一下分析：

1.无助型内向，导致孩子做事没有目标，容易随波逐流。

有家长说自己的孩子没有目标，得过且过，成就感不强，其实原因就是孩子有这种无助型内向的心理模式。 他们害怕被看不起，害怕被嘲笑，做事小心翼翼，生怕挨骂。 对自己也没有过高的要求，更没有规划。 小涛在班里就属于这种情况。 只要能坐在教室里，不被人打骂，不被老师提问，不当众表现自己，他就满足了。 无论是学习还是做事，都比较被动，但有一点，他从不惹事。

2.无助型内向能引导孩子发现自我。

无助型内向对孩子来说，也有好的作用。 如果引导得当的话，可以让孩子变得内秀，从心灵层面，开发他对自己的认识，一步步发现真正的自己是什么样的。 台湾作家卢苏伟在自传《看见自己的天才》中讲述了他小时候得了一场大病，成了十足的白痴。 最后在父母的引导之下，发现了真正的自己，利用自己内心强大的力量，最终做出了辉煌的成就。 他就是利用自己的无助型内向发现自己，走向成功的。

3.无助型内向影响孩子的身心发育。

在生活中，我们会经常发现，那些无助型内向的孩子，经常生病。 为什么？ 因为他心情不好，他生活在担忧和恐惧中，这影响到了他的身体的发育，大大提高了他感染各种病菌的几率。 这几年科学证实，心理的不通畅也将影响身体的健康。 这些孩子频繁感冒，或者是出现小毛病，原因就在于心理问题。

4.无助型内向的孩子需要鼓励和赞许。

俗话说，心病还须心药医，想要改善无助型内向的孩子，就必须从他们的恐惧心理入手。 给他们鼓励和赞许，多让他们体会到自己的主体性，增强他们的自信心。 这才是最有效的办法。

○ 结论及对策

没有一个孩子希望被说成是胆小鬼，然而怎样引导孩子正确面对自己，面对外界的各种问题，如何对这些孩子实施鼓励呢？ 这里有几点建议，供大家参考：

1.对孩子采用赞扬教育。

2.放低要求，从一点一滴开始，着重培养孩子的自信心。

3.明确自己的家教目标，不过多干涉孩子的行为。 对孩子的错误要就事论事。

4.口下留情，不说孩子不想听的话。

5.多呵护孩子慢慢建立的自信心。 注意不可急功近利。

○ 能量环的使用方法及步骤

1.对于这类孩子来说，要使用能量环，放大他们对自己的认知度，多看到自己的能力所在。

2.让孩子感受到能力所在，就要运用冥想法。

3.临睡前，让孩子想象：在一片沼泽地当中，眼看要走不出去。 然后他右手的能量环，帮助他积聚能量，他什么都不害怕，眼前一片明亮，沼泽消失了。

4.让孩子积聚内心的力量，让他将能量环戴在右手上，只要想做什么事，比如考试，学习，都会有信心。

心灵手记 35·孩子日记 12：不做出气筒

好几次上课，小罗总和周围的同学闹矛盾，他自己气得大吼大叫，甚至站在桌子上，大叫自己不想活了。这个现象引起了我的注意。后来我仔细观察小罗，发现在他身上几乎每天都会有纠纷出现，频率太高。于是，我让他写一篇日记，写写自己家里的情况，以此来寻找他的心理问题的成因。

2010 年 5 月 22 日　天晴

爸妈对我还行。我只要不惹他们，他们做自己的事情，我们的关系就还可以。

不过，要是遇到他们心情不好，准保会来惹我。每次爸爸妈妈吵完架，我爸爸就会怒气冲冲地向我找茬。我知道他是找茬，所以我不能容忍他这样。

我妈妈说，谁惹了我，我就要他好看。

在班里，我最不能容忍别人骂我。谁要是侮辱我，我一定要还击，给他点颜色瞧瞧。

每次妈妈对爸爸说，别惹我，惹我跟你没完。每次他们吵架，都没完没了。

真烦人。我不做出气筒。谁要是惹我，我一定要和他没完。哪怕是鱼死网破。

心理分析　其实在平静的状态下，小罗是个快乐的孩子。他笑的时候小眼睛眯起来，十分可爱。外表看起来十分开朗活泼，说话也头头是道。但最大的缺点就是人际关系搞不好，喜欢起哄看别人的笑话。看见别人挨批，马上就来了兴致，煽风点火，唯恐天下不乱。跟人起纠纷，往往先动手，喜欢用暴力解决问题。任性而天真，个性中有强烈的自我保护意识，崇尚强大有力的行为方式。

如果这类孩子本身体魄弱小，那么他就会喜欢权力。希望自己能在老师心目中获得重要地位。小罗就非常希望和老师做哥们。能够让老师认同他，觉得他厉害，很了不起，这样他就会有面子。

对这样的心理，我们该如何疏导？

1. 家庭中的暴力氛围激活了孩子的潜在阴影。

孩子从出生开始，内在的心灵是不安全的。 从心理学上讲，在脱离母体的那一刻，婴儿的内心就处在一种恐惧中。 在后来的生活中，婴儿通过和母亲的接触——皮肤的接触，乳汁的接触，慢慢有了安全感。 孩子的成长由此开始，心理的健康发展也有了契机。 如果在外界环境中，孩子经常受到吵闹、打骂的影响的话，那么孩子的思维意识、心理模式也将会接受引导，通过潜意识地改变，出现暴力倾向。 当父母在家庭中出现打骂的时候，孩子就会出现不安和恐惧。 他就会本能地排斥，这个时候为了排斥恐惧心理，他就会选择使用暴力来祛除恐惧和害怕之心。 由此，孩子的内心阴影就形成了。

由此可知，平和的家庭教育环境，可以培养出性情温和的孩子，而整天吵闹不休的家庭，孩子长大之后性格也会偏于暴躁、爱吵架。 道理就在于心理模式的代代影响。 我们爱孩子，教育孩子，不但要从现在出发，也要为未来留下希望。 作为新时代父母，这是我们需要铭记的。

2. 父母习惯用暴力方式解决问题的方式会改变孩子的思维模式。

许多家长对孩子不是动之以情晓之以理，而是以权威自居，通过威胁、打骂来触及孩子的恐惧心理，让孩子因为敬畏而不得不服从。 这种行为，导致了孩子成年后的简单粗暴、欺软怕硬、蛮不讲理。 到现在，在很多地方，还有父母觉得打孩子是天经地义的想法和做法。 还有人觉得不打不骂不成器，棍棒底下出孝子。 这些想法剥夺了孩子的人格，严重违背了人性的道德。 如果父母经常采用这种方法教育孩子，那么势必将这种行为意识，植入孩子的头脑中。 孩子也会这样来对待自己的孩子，对待身边的人。

○ 结论及对策

我们如何引导孩子从暴力中解脱出来，如何让孩子学会冷静面对问题呢？这里有几点建议，供大家参考：

1. 多观察自己是不是也有暴力倾向，是不是也经常和别人起冲突。

2. 如果发现自己有简单粗暴的行为，首先要练习控制自己的情绪，避免对孩子发火。

3. 和孩子多交流一些心里的想法，让孩子了解别人并没有侵犯他的意思，正确面对同伴、同学的玩笑，笑对小误会，做一个心胸宽广的孩子。

4. 创设平静温馨的家庭氛围，夫妻之间不要制造矛盾，更不能大打出手。

5. 自己的情绪不好，千万别拿孩子撒气。

6. 让孩子明白，和别人相处要多一些包容和体谅，以合作共赢为主，而不是你死我活。

7. 训练孩子和别人合作的能力，鼓励孩子帮助别人、体谅别人。

○ 能量环的使用方法及步骤

1. 对于这类孩子，重要的是要引导他们理解别人。通过能量环，帮助他们学会看人，体谅别人。

2. 让孩子戴上能量环，在右手上，暗示孩子，这个能量环，能帮助他猜到别人心里的想法。然后和孩子一起做猜想游戏。

3. 当孩子猜想的时候，引导他感受右手的能量环的力量，其实是要孩子静心观察别人。这样就转移了暴力的倾向。

4. 家长也戴上能量环，经常和孩子做猜想的游戏。

心灵手记36·孩子日记13：你的要求我做不到

田路是个很爱动的男孩，他平时爱好广泛，但在学习上却十分被动。小田的妈妈为此头疼不已，说孩子学习不上心，荣誉感不强。她也想过用各种手段去刺激小田，可是效果甚微。那么到底问题出在哪里呢？我让小田写篇日记，说说自己为什么不愿意学习。小田答应了。

2010 年 6 月 14 日　天气炎热

我学习不好。妈妈经常跟人说，我是个叫她头疼的孩子。

反正无所谓，我就是讨厌学习。我知道，不管什么时候，在他们的眼里，我都不会有出息的。

每次想要什么东西，妈妈从来都不会答应。她说，你成绩那么差，还想要东西，也不照照镜子，看看自己是谁！

我想要个篮球，我喜欢打篮球。可是妈妈说，这次考试平均分考到九十分再买。

哼，不给就不给，还要附加条件，真没有意思。我考试根本达不到那么高的分数。其实班里也有同学，为了达到目标，抄袭别人的卷子，提心吊胆的，我不想那样。

有的同学为了得到东西，就想办法传纸条、夹带。这样的成绩也没有意思。学习真没意思！

心理分析　像田路的妈妈这样的家长并不在少数。他们希望通过交换条件，引导孩子真真切切地理解"想要得到、必须要付出"的道理，同时也是想激发孩子的上进心，但结果却适得其反，为什么会这样呢？这里我们来分析一下：

1.给孩子设置交换条件，会让孩子急功近利，忽略学习的目的，缺乏动力。

正如田路说的，在班级里，我遇到很多考试作弊的学生。这和撒谎一样，如果没人天天向他们要成绩，他们是不会这样做的。正是在名利心的驱使下，孩子们才会作弊。而一旦作弊成功，孩子就会养成为成绩而学习的心理，急功近利，一到考试就如法炮制。长此下去，孩子就变成了考试工具。而对那些诚实的孩子来说，难免不公平。他们会陷入困惑中，内心的失落可想而知。

2.目标过高，导致孩子厌学。

许多家长给孩子设置目标的时候，不是根据孩子的具体情况，而是从自己的愿望出发。总是要求考到前几名，或者是九十多分等等。过分苛求名次，苛求不符合孩子的现实情况，孩子就会心灰意懒，失去动力。

像田路这样，内心充满无力感、对学习丝毫不感兴趣的孩子大有人在。家长们对他们的过高要求让他们无能为力，索性放弃自己的追求。于是有的孩子开始寻找别的途径，来释放自己内心的失落，这样有些孩子就会上网吧，进游戏厅等等。这为孩子埋下了厌学的诱因。

3.学习和条件画等号，影响孩子未来的人生观。

家长设置的条件门槛过高，同时又因为是一种交换，这无疑对孩子的学习观、人生观有很大的负面影响。 很多孩子选择放弃。 时间长了，孩子这种惰性就会显现出来。 为了条件而学习，如果学习不好，那就放弃条件。 这就成了他们的人生逻辑，也是他们的价值观。 这样的孩子慢慢地就会变得退缩，不愿意大胆追求，不敢追求。 心理上也会因为自卑，而选择什么都不做。

4.过分注重成绩，扭曲孩子的价值观和心理。

在成绩为最大的家庭教育模式下，孩子就会因为自己的成绩差，而看不起自己。 无论他们有什么潜力，只是因为成绩这一关，他们的心理就会蒙上一层阴影。 曾经有位家长跟我说，她小时候成绩差，老师和同学都笑话，家长更是天天骂她。 为此她自卑痛苦了好多年，连交朋友都不敢。 后来参加工作之后，发现自己写材料、处事都挺好，一点儿都不比别人差。 不到两年时间，当了领导，事业风生水起，她才明白，原来自己是被自己很差的这个限制性思维给束缚了。 现在她觉得自己工作很有起色，很顺利，就是突破了原来的那个限制性的自我认识。

孩子因为自己的成绩差，认定自己是个失败者，是个百无一用的废物，为此他们自暴自弃，自甘堕落，那对孩子的成长极其不利。 所以，家长要善于引导孩子发现自己的长处，而不是以成绩来评判孩子，不要因为成绩问题而影响孩子的快乐成长。

○ 结论及对策

对孩子来说，成绩是一个温度计，可以测量孩子是否掌握那些相关的知识，这里包括了记忆、思维、情感、意志等诸多要素，要客观评价孩子，就得从客观认知着手，提高孩子的学习兴趣。 这里有几点建议，供大家参考：

1.关心孩子的学习方法，让孩子找到适合自己的学习方法。

2.不要一味地买资料，要适可而止，让孩子有时间玩。

3.引导孩子学会自律，合理安排自己的学习时间。

4.固定孩子的学习习惯，不设置过高的要求。

5.给孩子鼓励，不要用成绩给孩子制造困扰。

6.不要用成绩衡量孩子的智商，更不要用成绩来评判孩子的人格。

7.告诉孩子成绩不是万能的。 即使成绩不好，也要让孩子明白，他并不笨。要让他寻找自己最喜欢做的，或者是最让他感兴趣的事情。他有权利选择。

○ 能量环的使用方法及步骤

1. 对这样的孩子，要使用能量环帮助他找到自己的兴趣，并激发他们想要做事的冲动。

2. 在学习之前，让孩子戴上能量环，引导孩子想象：学习是快乐的，做事是快乐的。让他闭上眼睛，把一本书变成最爱吃的蛋糕，把作业变成文字游戏。放在右手手掌中，然后戴上能量环。

3. 如果孩子能够感知到右手的感觉，他的脸上会有快乐的表情。这个时候告诉他，每天戴上能量环，就会增加很多能量，他想做什么事情都会容易点。

第4章
把快乐还给孩子

　　本章的主旨是把快乐还给孩子，把对生命的惊喜和尊重还给父母。 所以，我们面对孩子，首先要基于对生命的尊重，让孩子寻找快乐，其次是基于一个个体对社会的客观认知，放手让孩子去寻找幸福。

　　每个个体都有独一无二的生命体验，都有专属于自己的能量和光彩。 只有和孩子进行心灵的沟通和互动，才能发现未知的自己，帮助孩子打开心灵的窗户，引领孩子走上快乐的心灵成长之路。

　　那么，如何进行沟通互动呢？ 关心孩子幸福快乐的家长朋友，请一块来寻找快乐的心灵吧！ 这里我通过一些案例的讲解和分析，希望能够抛砖引玉，供大家参考。

心灵手记37：你本来就很聪明

　　每年接手新班级，我都会仔细观察学生们的心理状态，同时也观察家长们，发现了一个有趣的现象：成绩良好、心理状态稳定的孩子，家长在和我交流沟通的过程中，也从来不说自己的孩子一无是处，而是客观公正地评价自己的孩子，不一味地贬低，也不一味地苛求孩子。 而那些成绩较差，行为也有反差的孩子，他们的家长在我面前，几乎每次都是抱怨。 怨言不断，牢骚不断，恨铁不成钢。

　　孩子为什么会有如此不同？ 很多人说是因为智力原因，可是近些年有科学证实，情商决定孩子的成功比率占到了80%。 那么，是什么影响了孩子的情商呢？ 心理发展中的情感、意志起到了决定性的因素。 一个孩子如果没有兴趣来参与，学习就会变得枯燥乏味；孩子如果愿意学习，没有意志的参与，他就会虎头蛇尾。 那么，情感、意志的共同参与，又受到哪个心理动机的驱使呢？

这里我们就讲到了一个很有趣的心理学实验。 科学家们曾经做了一个实验，找来两组学生，分别编在不同的班级里。 其中 A 班级的学生，通过心理学家的心理暗示，告诉这些孩子说他们是选拔上来的优等生，智商都很高。 而对 B 班级的学生则什么也没有说。 实际上，A 班级的学生是差等生，B 班级是成绩好的学生。 但是经过一段时间的学习，这些孩子居然有了很大的差别。 A 班级的成绩高出了 B 班级很多。

这个现象说明了什么呢？ 显而易见，正面的心理暗示才是激发他们兴趣的最终原因。

对于一个孩子来说，让他知道自己是谁，自己到底能干什么，这个问题很重要。 但并不是每个人都能正确解答这个问题。 给予正面影响是接近这个问题的最佳方式，对孩子的引导也是如此。 可惜很多家长，一开始就忽略掉了。 如果我们一开始就告诉他："孩子你很聪明！ 在你还没有出生，在妈妈肚子里的时候，好多坏虫都想要吃掉你，但是你又聪明又勇敢，最后你成功了，终于战胜了一切，来到这个世界上。"那么孩子则会对自己和生活充满信心和动力。

正面暗示其实很简单，那就是父母在日常生活中多增加几个口头禅，诸如"你本来就很聪明"，"我早就知道你是最棒的"。 多给予孩子鼓励和肯定，引领孩子发现未知的更好的自己。

案例分析 在我的女儿三岁多的时候，我通过研究，将正面心理暗示法运用在她身上，到现在六岁，效果非常好。

女儿最喜欢听故事。 我每次讲故事，就是讲她的故事。 故事里的主人公就是她自己。 这样下来，她就认识了自己。 我讲她从妈妈肚里出来的时候，被聪明王国的公主知道了，送给了她一顶隐形的聪明帽子。 只要她每天快快乐乐，聪明帽子就会来帮助她。 类似这样的故事很多。 女儿的心里从此种下了自信的种子，她学习有兴趣，很主动，做事也很积极。

贯彻一个理念，要采用孩子喜闻乐见的方式，而不是说教。 以孩子的眼光，揣摩孩子的想法，再把这个理念通过孩子喜欢的方式传达给孩子。

心理暗示法就是要帮助孩子找到自己是谁，能够做什么，有什么价值。孩子一旦看见自己能够做很多事情，自己是聪明的，能够获得父母的关爱，被父母赞赏，那么他的心理就是富足的，他就不会产生困扰和痛苦，就可以在这种开放的内心环境中健康成长。

生活中有些家长说自己也经常夸孩子，却造成孩子飞扬跋扈、不听管教的行为。这个现象并不能说明对孩子正面暗示无效，而是家长没有对症下药。因为在正面暗示里，要认可并向孩子贯彻的是"你本来就很聪明，不需要别人夸赞。即便不夸赞，你也是聪明的"。这样就让孩子树立起了一种真正的自信。

○ 能量环的使用方法及步骤

1. 让孩子戴上能量环并告诉他，当出现问题的时候，就要赶紧把能量环换到左手。
2. 如果能想出办法，就把能量环戴在右手上。
3. 如果不能想出办法，就要和父母一起，进行讨论。然后把能量环戴在右手上。

心灵手记38：天才就藏在你心里

在孩子看清自己的本质之后，他会有信心、有勇气在生活中不断实践，参与各种事情。比如爱学习，爱运动，或者是爱说话，乐于表达自己的想法等。不过接下来，他一定会遇到困难，遇到自己做不到的事情。这个时候，怎么办呢？意志力的萌芽就开始出现发展的契机。

一般孩子在七、八岁左右，会出现畏难情绪，不敢尝试新生事物，采取不合作的态度，不想行动过分，犹豫。因为之前有过失败的经历，比如，有些事情没有得到预期的目的，等等。这个时候，并不是说孩子变坏了，而恰恰表明，孩子的成长遇到了危机。危机这个词语我们都不陌生，有危机才会有机会。

没有经历过失败的孩子，很难真正成长。相对来说，他们的内心更娇弱，承受能力不如经历过失败的孩子。所以成长路上的失败是必然的。早一点有心理准备，也就早一点培养出意志力，早一点加强情商教育。

很多家长没有注意到孩子心理发展的这个需求，在孩子出现失败、出现错误的时候，不是通过扶持，而是一味打击："你这个孩子以前多好，怎么现在变得这么懒惰了！"这样的说法，会动摇孩子建立起来的信心，他会怀疑自己是否真的聪明，是否真的可以实现自己的理想。在这种犹豫迟疑的背后，孩子的性格就出现了裂痕。许多孩子的自信和勇气中途夭折，这是多么让人惋惜的事情啊！

在人的一生中能够把一件事从开始的新鲜有趣坚持下来，这中间参与的心理行为中，意志力的作用无疑是最大的。意志力可以让一个人自律，自己管理自己，为了心中的理想而持之以恒。拥有强大意志力的人，才是一个真正坚持自己的人。

那么，如何培养孩子的意志力呢？对于刚认清自己是谁，却又遭受失败打击的孩子来说，他们内心的苦痛和疑惑可想而知。这个时候家长就要学会引导孩子，让他们认识到，失败只是对自己的考验，是成长过程中不可避免的"必修课"。这个理念如何在生活中实施呢？

案例分析　爱因斯坦的故事，我们早就耳熟能详。在老师认为他智力发育迟缓之后，被家长万般无奈地领回了家。这种状况，实际上就是孩子心理发展面临严重危机的时刻。家长如果像老师那样，选择放弃，那么孩子一生的发展有可能就此止步。结果爱因斯坦的家长，选择了背离常人的思维，他们采用了鼓励、支持孩子的做法。这就是上一节我们说到的那个理念，在他们的眼里，孩子是聪明的，本来是就聪明的。即便被别人误解，那也只代表某一个方面，而不代表全部。孩子是一个生命，这个生命除了多方面的智力，还有许多未被发掘出来的能力。

孩子的未知能力的发掘，很大程度上取决于家长的态度。这一点，相信很多家长，联系自己的生活实际，都会有所体会：当你说孩子很能干，那么孩子会非常乐于为你做事；你说孩子很会说话，哪怕是夸她很会说笑话，她可能就此非常喜欢说笑话，乐此不疲。

爱因斯坦的父母之所以伟大，就在于他们抓住了教育孩子的本质，认清了孩子的本质，更认清了一个生命的本质：生命是用来开发的，不是用来打击的。

在这种伟大的教育之下，孩子的天才被激发出来。 其实不应该说是被激发出来，而是被发现。 因为孩子本来就是聪明的，只不过那种天才是掩埋起来的。

可是在生活中经常会有家长说，自己的孩子如何如何笨，然后说自己当年也很笨，所以孩子就该这么笨。 这样自嘲自解，岂不是就这样把孩子的天才给埋没了？

说白了，这些都是借口而已。 当孩子失败的时候，我们要么寻找失败的借口，要么将失败归罪于孩子，说他不努力，说他太笨了，没有天分，云云。 这些有用吗？ 这些能给孩子带来什么呢？ 还有些家长，当孩子成绩差的时候，居然到处宣扬孩子的不好，以偏概全，认为孩子什么都不好，甚至将孩子交给老师，希望老师严加管教。 这种负面影响有可能扼杀了孩子的天才。

○ 结论及对策

爱因斯坦的天才故事，为我们带来的不只是一种理念，更多的是一个可操作的范本。 每个孩子都是潜在的天才，有待我们共同去发现。

那么，如何实施对孩子的鼓励呢？ 这里总结一下方法：

1. 当孩子出现懈怠畏惧心理的时候，要站在身后鼓励他们，给他们加油，而不是打击。

2. 孩子面对失败的时候，要告诉他，这是很正常的，每个人都会经历这个时刻。

3. 让孩子勇敢面对困难，找到自己的爱好和兴趣所在。

4. 和孩子一起面对风雨和失败。 谈心是最好的方法，告诉孩子，父母永远都支持他。

5. 重新让孩子认识自己，确认自己本来就是聪明的，只是需要找到自己聪明的一面。 可能不在这里，那么一定在那里。 让孩子有发展自己的欲望和信心。

○ 能量环的使用方法及步骤

1. 告诉孩子，天才就藏在心里，只要戴上能量环，开动脑筋，就一定会找到答案。

2. 父母和孩子一起，将能量环戴在右手上。 大家一起决定，遇到问题开动脑筋，直到想出办法为止。 决不放弃。

心灵手记39：用乐观的态度帮孩子超越心灵困境

在现实中，不被人理解的困境，被人责难的经历，几乎人人都会遇到。有些人可以乐观地一笑了之，并以此为契机，找到自己的坐标，最终成就自己的辉煌；而有的人，却从此一蹶不振，意志消沉，再也没有勇气走下去。这两种截然不同的人格特征，其实正是不同的家庭教育导致的不同结果。

当孩子面临困境的时候，如果选择逃避的话，那说明人的本能占了上风。这并不可耻，但当逃避解决不了问题时，家长要教会孩子正视困难。正面解决问题永远是最好的办法。

对于孩子来说，他们的困境来自学校、生活两个方面，虽然看似单纯，琐碎，没有什么大的人生挫折，但对孩子的成长却会产生深刻影响——这就好比一颗小石子钻进了鞋子里，会严重影响走路，这个道理我们大家都懂得。

有个家长跟我讲，她小时候很喜欢舞蹈，可是有次老师挑选队员的时候，看了看她，直接把她刷掉了。她就跑过去跟老师申请，那个老师很不屑地摇头说："像你这个样子，就是跳得好又能怎么样。"因为她长得一般，不是太漂亮。后来她做了舞蹈编导，才发现原来自己并不是不能加入舞蹈这个行业。当年因为老师的一句话，让她痛苦了很久，一遇到机会就往后退缩，若不是她的妈妈发现了她的兴趣，非常支持她，让她跟着别人学习，她的舞蹈梦可能真的只是一个梦了。

案例分析 14岁的小雯是学校里的作文能手，可是有次作文比赛却失手了。很多同学都笑话她，小雯内心十分痛苦。她的父母发现了这个情况，跟小雯坦诚地讲了自己以前失败的经历，让小雯明白，每个人都是从失败中走过来的。小雯在父母的鼓励下，鼓起勇气，坚持不懈地写作，最后终于获得了大奖。

冰心的诗歌我们应该都还记得："成功的花，人们都羡慕它那娇艳的美丽，却忘记了之前的困顿和痛苦。"孩子的成功，其实不是他一个人的，是背后父母的支持和鼓励，还有他在困顿之时，父母那有力的肩膀。在孩子成长的过程中，父母亲除了要给孩子操持他们的衣、食、住、行，同时还要学会为孩子解疑答惑，而这个职责，却常常被父母们忽略掉了。

我的女儿在 4 岁上幼儿园的时候，经常会说："妈妈，为什么老师喜欢长头发的小朋友？"我就问："为什么呀？"女儿说："老师给长头发的小朋友梳头，扎小辫。"我就问："那你想怎么办呢？"女儿说："我也要留长发，让老师给我梳小辫。"后来女儿果然留了长头发，她也享受到了被老师梳头的幸福。 如果我不理睬她，那么女儿的疑惑就没有办法得到解决，她就会觉得老师偏心。

到了女儿 5 岁的时候，有次问我："妈妈，你觉得我是聪明的孩子，还是笨孩子呢？"我说："是聪明的啊。 这一点，你早就自己证明给我了呀。"女儿却说，在班里有学生说她笨。 看来这个问题，让女儿心里很难过。 我问清原因是有次女儿没听清楚老师讲什么，问了同桌，结果同桌就骂她笨。 女儿为此闷闷不乐。 后来我开导她："随便说别人笨是不好的事情，会伤害别人。 你本来就是聪明的，她说你笨是因为她心情不好。"女儿想了想，就不再为这个问题难过了。 在这个事件里，女儿受了伤害，她又没有办法获得解答，如果我不能给她答案，那么孩子的心灵就会在莫名中蒙上灰尘。

班里有个学生，有次被人笑话，说他是个网络白痴，什么都不会玩。 最后这个男孩不服气，进网吧天天玩穿越火线等游戏，最后网络成瘾。 在他被笑话的时候，如果父母能够引导他，让他从正面的方向寻找出路，那么他就不会变成这样。

孩子的心灵是脆弱的，需要大人的呵护，但却往往有很多孩子在大人的斥骂声中，失去了最好的心灵成长的机会。 当遇到困境的时候，家长也没有给孩子解除困惑，于是孩子出现了心理问题，甚至造成不良后果。

如果大人们能够早一点介入，早一点知道孩子的困惑，给孩子一些建议，那么孩子就不会担惊受怕，也就不用迷失方向，误入歧途。 从这个意义上讲，父母的角色既是生命的养育者，又是灵魂的塑造者，也是心理的疏导者。

作为家长，要从孩子点点滴滴的情绪波动中，关注孩子，帮助孩子走出心灵的困境，超越困境。 经过这样的累积，你的孩子，在未来的生活中，遇到挫折的时候，也会淡然面对，一笑了之。

○ **能量环的使用方法及步骤**

1. 使用能量环，帮助孩子建立超越困境的意志。
2. 父母要和孩子一起，佩戴能量环，并且要孩子约定：只要坚持，慢慢就有答案。戴着能量环，静下心来，不在意别人的嘲讽。大家要心中有爱。坚强就是胜利！只要这个手环不会丢掉，大家的信心就不会丢！

心灵手记40：帮助孩子寻找真正的快乐

我经常会和学生们讨论一个问题：什么是快乐？每个孩子的答案都不一样。有的孩子说，快乐是天天看电视；有的孩子说，快乐是天天玩游戏；有的孩子说，快乐是想做什么就做什么；有的孩子说，快乐来自自己的优秀成绩……从孩子们的回答中，我们可以了解孩子的心灵问题：想要看电视的孩子，说明他没有机会看电视，经常被大人管束，或者是被大人疏离，只想沉迷电视，不愿意活在现实世界中；想要玩游戏的孩子，说明他渴望生活充满刺激感，喜欢被关注，喜欢能够独当一面，而现实中他缺少这些，所以他才会沉迷于游戏，满足内心的渴望；喜欢想做什么就做什么的孩子，很明显是因为缺乏自由，在家里被管束得太严厉，没有自己的时间；而希望自己能有好成绩的孩子，说明他在成绩方面得到过很多次的荣誉，他希望能够获得更多的荣誉，重温荣誉带给他的内心的富足和快乐。

案例分析　作为父母，如果能从合理分析的角度，来看待孩子心里的想法，琢磨孩子的心理发展轨迹，孩子就不会在我们的眼里，错误百出，更不会让我们怨天尤人。

在和孩子交流的时候，我发现一个事实：那就是对快乐的不同理解，是遵循随着孩子年龄的发展、身边经历的不同而不断变化的。这中间也有一些很有趣的规律性的东西。

女儿2岁的时候，我曾经问过她，什么是快乐呢？女儿说，快乐就是和妈妈在一起。 那段时间，女儿平时住在外婆那里，每个周末我接她回家。 到了 3 岁多的时候，我开始自己带孩子，女儿的快乐就发生了变化，女儿说，快乐就是和妈妈一起做事。 那个时候，我会带领女儿打扫房间。 女儿体会到了那种快乐，所以她对快乐的标准有了变化。 等到 4 岁的时候，女儿的独立意识开始萌芽，她希望能和外界交流，女儿说，快乐是和小朋友一起玩。 那段时间，女儿如果没有小朋友玩的话，就会闷闷不乐，觉得自己不讨人喜欢，心里会有点自卑。 5 岁那年，女儿学会了观察大人，因为我有段时间性子急躁，情绪有时候很低落，女儿说，快乐就是和妈妈一起开开心心地过幸福日子。 她说了这个快乐的话题之后，我思考了很多，后来改变了自己。

现在女儿 6 岁，已经上一年级，成绩被摆上了议事日程，女儿说，快乐是有好朋友玩，还可以天天上学，变聪明。 因为我对她的成绩没有要求，也没有限制过她玩电脑，看电视，女儿的快乐相对来说，就变得很客观了。 她喜欢上学就成为必然的。

在女儿的教育中，我一直贯彻一个原则：用自然的快乐之道，让孩子自己体会心灵的温度。 孩子就好像是一个温度计，周围的环境，大人的熏陶感染，都可以使得他们这支温度计敏感地升高或者降低，我们不用强加外力，让孩子自己体会，他们自己有权利进行调节。 我们做家长的，也要做好周围的温度调节。 过分约束，孩子就会选择叛逆；过分放松，孩子就会变得霸道，无法无天；过分要求成绩，孩子就会为成绩而气短，厌恶情绪油然而生；过分要求孩子多才多艺，孩子就会承受不了而滥竽充数，敷衍塞责。

在学校里那些学习成绩不错，心理素质好，各方面都不错的孩子，他们都是深知快乐的真谛的。 而那些成绩差、行为反差大的孩子，相对来说，他们对快乐的概念是模糊的。 在他们的眼里，快乐是模糊不定的。 你问他逃学快乐吗，他说不快乐；你问他不写作业快乐吗，他说不快乐；你问他天天玩游戏快乐吗，他说那种快乐很短暂，不真实。 其实，他们的快乐早就没有了。 在他们小的时候，父母没有给他们传达过快乐的真正意义，他们也就无从理解快乐是什么。没有快乐可言，他们的所作所为就是随波逐流，就是毫无目标，也是毫无效率的。

那些整天混日子的人，你问他快乐吗，他一定也是不快乐的。 而很多人之所以没有快乐，就是因为他们的内心需求没有得到满足。那么，对于孩子来说，有什么样的心理需求呢？

心理学家马斯洛为我们描绘出了人类的心理需求层次：第一层次是对生理的需求，例如饥饿、口渴等。孩子在幼儿时期，如果这个需求没有得到满足，他的性情就会变得暴躁，或者悲观，他缺乏向上发展的追求。第一个层次满足之后，孩子的心理会向上发展，希望能够得到安全感，不被人抛弃。

在第二个层次得到满足之后，孩子进入第三个层次——社会需要：在意别人对自己的评价，自己是否被父母、老师、同学喜欢，是否有人赞同自己，是否能被群体接受。如果这个心理需求获得满足，孩子就会有上进心，有积极向上的动力。

在孩子第三个层次得到满足之后，就会再向上求第四个层次，这是自尊的需要：需要得到赞美，得到认同，得到肯定。希望自己能作出成绩，让别人尊重自己，有地位。这个时期的孩子，最大的快乐就是来自外界对自己的认同。

在第五个层次中，孩子会有自我实现的需求。这个层次很高，一般在孩子青春期后期才会有相关追求。

由此可见，我们对孩子的引导，要从他不同时期的心理需求着手，引导他们积极向上，寻找真正的快乐。这样才能对孩子有的放矢，起到教育的作用。

◯ 能量环的使用方法及步骤

1. 使用能量环，建立孩子的快乐感。首先要帮助孩子找到真正的快乐。
2. 让孩子戴上能量环，告诉他，真的快乐就是给大家带来快乐，让爸爸妈妈也感到满意。如果不是的话，能量环就会失去快乐的功能。
3. 让孩子右手戴上能量环，想象自己一次快乐的经历。暗示孩子，只要他戴上能量环就可以找到真正的快乐。
4. 遇到事情的时候，要引导孩子确认是不是真的快乐。

心灵手记 41：给孩子爱和归属感

和朋友在一块聊天，她 6 岁的女儿也坐在那里，我问了孩子一个问题："幸福是什么？"孩子说："没人爱我，我没有幸福。"我又问她："你觉得你妈妈喜欢你吗？"孩子摇头说："不喜欢。因为我是个坏孩子。"

朋友很惊讶，委屈地说："我每天都给她买东西，她想要什么就给她什么，居然说没有人爱，没有人喜欢，真不可思议！这孩子是不是在撒谎啊？"

我问："你的孩子是不是不爱学习，逃避写作业。"朋友点头说是。我又问她："是不是孩子还特别怕离开你？"朋友很惊讶地问我："你怎么都猜得到？"我笑了，说："你平时恐怕很少和孩子聊天，也很少夸奖孩子。"朋友点头，说自己脾气很急躁，经常挑剔孩子的毛病，拿孩子和别人比较，越比越生气，一生气就骂孩子。

孩子说没有人爱，其实不是指外在的爱，而是从心理需求的层面来说的。在心理的层面，孩子对自己的评价是极低的，所以，她觉得自己不值得人爱，不值得人喜欢，包括妈妈。

孩子的心理发展是层层递进的。按照理论，如果上一个心理层次没有获得满足，那么向上发展就几乎不可能。这样一来，孩子的心灵成长就会停滞不前。作为家长，就有必要了解孩子的心理发展水平，引导孩子获得心理的满足。

小学儿童的第一个心理层次—饥渴、温饱，这些大部分都能获得满足，第二个层次—安全、保障方面，有父母陪伴，得到关心和呵护，能够过正常的家庭生活，这个心理需求也得到了满足。

孩子从 5 岁开始，心理需求有了发展，进入第三个层次——爱和归属感的需求，这个阶段的孩子，希望能够被认同，害怕被抛弃。这个时候，家长就要注意检查自己的家庭教育，是不是做到了这一点。像我朋友的孩子这样，在家经常遭受妈妈的批评，在学校里成绩不好，心理上没有归属感。所以在她眼里，妈妈不喜欢她，更谈不上爱她。因为没有归属感这个层次的心理满足，孩子的心理需求转而向第二个层次需求，那就是安全感。所以，这个孩子缺乏安全感，胆小，害怕失去妈妈，害怕被人抛弃。

如果孩子在家里经常闯祸，搞破坏，那说明孩子是想用自己的方式，试探大人们对他的爱，也想通过这个方式，来确定自己属于哪种类型的孩子，希望大人能给一个评价。他的这种做法，也是想引起大人的注意，以证明他的存在。凡是出现这样的情况，家长就要注意，多给孩子爱和归属感的满足。告诉孩子，他是属于那种很聪明、很活泼的好孩子，大家都喜欢和他玩。孩子会因为父母强调了归属感，而放弃那些无聊的试探行为。可惜的是，在生活中，大人们却往往用粗暴的行为，大声地呵斥、责骂，或者是动手，这样就让孩子的心理需求得不到满足，还受到了侮辱，挫伤了他们心理向上发展的积极性，许多孩子就此变得易怒，和父母对立。

在人格的发展过程中，一个孩子如果人格不完整，那么他的心理发展就会出现问题。当大人们过分压制他，使用暴力的话，那么这个孩子就会出现人格上的许多障碍，诸如自暴自弃、压抑、愤怒、仇恨、叛逆等。事实上，这些年在学校里我发现越来越多的孩子，出现了这样的情况。这说明我们的家庭教育，似乎走进了一个死胡同。许多家长不知道从孩子的健康人格发展着手，而只是盲人摸象，只求一方面。这样对孩子的未来发展大大不利。

如果孩子有上进心，能够做好学习方面的各项事情，愿意主动去承担责任，知道自己的目标是什么，也有自己的理想和行动原则，那么这个孩子，即使成绩不是太好，他的人格也是完整而健康的，在未来会有很大的发展空间。这样的孩子，大人们对他的教育，满足了他内在的心理需求。孩子就有意愿积极行动，愿意通过做自己的事情，来获得第三层次爱、归属感和第四层次—肯定、荣誉、尊重的心理满足。

孩子的人格发展，其实就是心理需求逐步获得满足的一个过程，当孩子发出心理需求信号的时候，家长要密切关注，还要有相关的理论来指导自己，引导孩子学会心理调节，达到心理发展的自给自足。

案例分析　有段时间，4 岁多的女儿情绪有些低落。我问她怎么不高兴，女儿说："老师说我流鼻涕，很恶心。"我很同情女儿，但是赶紧给她安慰：

"哦，这个没什么。 妈妈小时候也流过。 你流鼻涕，我不在乎。 我还是喜欢你。"女儿还是伤心地说："可是小朋友们说我恶心，都不和我玩。"我知道女儿的归属感受到了挫伤，她害怕被大家排斥在外，我就赶紧引导女儿，说："哦，流鼻涕是很糟糕的事，我们得赶紧去医院治疗下。"女儿很配合，结果我让医生开点中药，每天熬药喝药，女儿为了获得小朋友们的认同，不被大家讨厌，她忍受住了喝药的痛苦，喝了大概一个月的中药，鼻涕终于不流了。

后来女儿一想起流鼻涕的事，就觉得自己很勇敢。 她认同了自己的行为，在未来的生活中，她学会了忍受必要的苦痛，来换取内心的归属感和爱。 这样就促成了女儿心理需求的自给自足，孩子也就学会了自律。

⭕ **能量环的使用方法及步骤**

1. 使用能量环，确认孩子的心理需求出于哪种层次。
2. 和孩子交流，父母和孩子都右手佩戴能量环，父母要告诉孩子，有什么想法要和父母及时沟通。 大家都要坦诚地说出来。
3. 父母要注意观察孩子，了解孩子的需求。

心灵手记42：给孩子尊重和理解

在生活中，我们经常会见到那些学习上没有主动性、做事半途而废的孩子。一开始上学的时候，兴趣还有，但是到了三、四年级，孩子就会出现厌学、逃学、打架等行为反差。 为什么会出现这些问题呢？ 很明显，是孩子的心理需求没有得到满足，求而不得，就只好转而向下，心灵停滞，过分强调安全感，活在本能中。

首先，孩子进入学校学习后他就势必要进行成绩的比拼，来证明自己有别于他人，让父母知道他是聪明还是不聪明，他自己也通过学校里的评优、排名次，来了解自己在群体中的归属。 如果孩子某次成绩失误，家长恶言相向，那么孩子就会有心理需求方面的受挫感。

而在这个时候，孩子找不到归属感，情绪消极。 他就会将自己划归于所谓的不被父母重视的孩子的行列里。 俗话说的物以类聚，人以群分，其实在心理学上讲，也是有道理的。 孩子在心理上将自己划归为某种群体，那么他就会在这个群体中获得归属感。 对于这些厌学、逃学、打架的孩子来说，他们的心理需求就是想获得爱和归属感。 因为从父母那里得不到，他们就会从朋友中间去求，从自己归属的这个群体中间去求。 于是，孩子之间的圈子建立了。 他们一块打架，一块闯祸，其实目的也只是为了获得归属感。 在他们的这个群体中，孩子获得了一种满足。 这成为了他们获得满足的畸形方式。

如果家长能够在孩子需要爱和归属感的时候，及时引导孩子，那么孩子就不会走入歧途，心理的发展就会顺利进入下一个层次。

在马斯洛的心理需求理论中，前两个心理层次基本是本能需求，而第三个心理需求——尊重和肯定，则是获得向上发展的一个最关键的要素，也是引领人突破人性本质，达到真正大写的人要走的必经之路。 它向下承接的是爱和归属感，向上则成为推动价值感和自我实现的加速器。

当第三个层次的心理需求获得满足，人就会有自尊心，对自己有信心，有决心。 在未来的发展中，他就可以对自己规划设计，一步一步地实现自己的价值。反之，他会怀疑自己，沮丧、无助，转而向下，寻求爱和归属感。 他就会沉溺在和自己一样的朋友中间，希望不要被抛弃，希望能够被大家接受，被父母疼爱，过分在意父母和老师对自己的看法。 这个时候，如果家长和老师能够采取正面的鼓励，重新让孩子获得第二层次的心理需求，那么他的成长就还会有转机，逐步过渡到第三个层次的心理需求。

那么，第三个层次的心理需求，对孩子的发展有什么影响呢？ 对人格成长有什么推动作用呢？

每一个成功的人，都是基于自我价值和自我实现的这个心理需求，最终实现心灵满足的。 对于孩子们来说，他们热爱读书，热爱学习，热爱自己的生活，对待身边的人，充满热情和爱心，这些最重要的心理动机，也来自于尊重和肯定这个心理的内在需求。

在成功者的心里，他们对自己的评价是"我能"。 他们对自己的能力有足够的信心，对自己的行为有足够的自律。 他们知道自己怎么做，可以达到目标，也知道为了目标，必须做什么，即便是冒险，只要付出努力，一步一步就一定会有好的结果。 而在失败者的心里，他们觉得什么也做不到，也不可能做到，所以他们觉得自己做什么都是冒险，不愿意冒险。

对于那些不爱学习的孩子来说，也正是这样的心理，让他们觉得自己笨，再学也学不好。 没有机会学好，不管如何努力都是徒劳的。 这些孩子的心理到底是如何产生的呢？ 答案很简单，来自父母师长对他们的评价。 如果父母尊重他们，理解他们，那么孩子就会变得懂事、开朗，做事也会有条理，有信心。

由此可见，在家庭教育中，我们一定要加强对孩子心理需求的分析，对表面现象做深入剖析，尊重孩子，理解孩子。

案例分析　在孩子出现失败的时候，要支持理解孩子。 耐心是最重要的，尤其不能侮辱孩子的人格。

周弘的女儿虽然先天残疾，但是他却从来都没有把女儿当做残疾孩子，从来不让孩子认为自己和别人有差距。 而是引导孩子认识到每个人都是独一无二的，都有完整的人格，都能实现自己的梦想。 他始终认为孩子的教育非常重要，只要家教正确，即使是身体有残缺的孩子也可以有烂灿人生，所以他采取了赞赏教育。

赞赏教育其实就是理解孩子，尊重孩子的人格，从孩子的完整人格出发，多了解孩子的内在需求，不粗暴、不专断。 这种模式，为我们提供了家教的新方向：观察孩子的行为，分析孩子的心理，深入了解孩子心理发展的层次，知道孩子在这个层次需要什么，给孩子心理的满足，以唤醒孩子的求知欲望。 这才是周弘的赏识教育告诉我们的。

○ **能量环的使用方法及步骤**

1. 使用能量环的目的，就是要让孩子树立自我的尊严感。 让他知道自己可以做什么，不可以做什么，从心里接纳自己。

2. 父母和孩子一起戴上能量环，告诉孩子，从这一刻起，大家要互相理解，互相尊重。 在想做什么事之前，大家要互相交流沟通。 不能独断专行，最好在一起讨论。

3. 大家都把能量环戴在右手上，代表家里要有民主的气氛，不能一个人说了算，不能互相都不通气。

心灵手记43：用梦想提升孩子的价值感

美国一个幼儿园里，老师让小朋友们都写出自己的梦想，结果男孩甲想了好久，却想不出一个梦想。老师就问班里小朋友们："谁愿意将自己的梦想卖给男孩甲？"男孩乙举手表示同意。因为他有两个梦想。一个梦想是做农场主，养很多的羊，另一个就是要到埃及去，研究金字塔。他犹豫了片刻，由老师见证，将自己的第二个梦想卖给男孩甲，并获得了男孩甲的五美分。

三十年过去了，男孩甲即将实现自己的梦想。为了这个梦想，他付出了很多努力。从一无所有到拥有自己的公司，其间的辛苦可想而知。因为想要到埃及，他就需要了解埃及的风俗，于是他一直在搜集相关的资料，在这个过程中，他结识了自己漂亮而志同道合的妻子，同时他们的孩子，也为了这个梦想，考取了一所有名的大学。然而有一天，他却接到了法院的传票。

原来是男孩乙要终止自己的合同，希望能够买回来当年的梦想。男孩乙很早就实现了自己的第一个梦想——做拥有很多羊的农场主。梦想实现之后，他觉得自己失去了动力，不知道自己想要什么，生活毫无乐趣。他想起了自己卖掉的那个梦想，心里非常后悔。

结果怎么样呢？男孩甲拒不同意卖掉梦想。最后，他决定，如果男孩乙实在想买回这个梦想的话，那就必须出价三千万美元才行。

案例分析 这个故事貌似说的是梦想，其实从心理学上分析，这是一个关于自我价值感的问题。在学校里，我也经常会让孩子写这样的作文：我的梦想。其实从四年级开始，在新课程的语文教材渗透中，就已经有这样的习作要求。这个训练看似是写作文，而实质上是促进孩子心理的健康发展，提升孩子的自我价值感。如果孩子在不同的阶段，有不同的梦想，证明孩子有向上求索的意愿，有真心想要获得发展的动机。习作的主要目的就是培养孩子树立目标意识。

在学生们的习作中，有一部分孩子不知道自己能做什么，所以他们没有梦想；还有一部分，他们的梦想是为了应付老师，应付作文，编造出来的，说明这些孩子的发展欲望不大，没有人生的整体规划，对自己的价值没有真正地认识；还有一部分学生，他们的理想很真实，代表了他们喜欢的某项东西，比如，有的学生喜欢舞蹈，理想就是要做舞蹈家，或者舞蹈演员；有的学生喜欢写作，梦想就是要当作家；有的喜欢画画，理想就是画家。这样的孩子，能够从自己的兴趣出发，对自己的人生也有长远的展望，如果能在老师和家长的指导下，有自己的规划和设计，那么他将会距离自己的梦想越来越近。

为什么孩子对未来的梦想会有这些不同呢？到底是什么造成的呢？

第一种类型的孩子没有梦想，从心理上分析，可以判断这个孩子，对自己没有认同感，也可以知道在他的第三个心理需求层次（尊重、理解、肯定）上没有获得满足。他对自己的能力没有认识，对自己的价值没有认同。他们不敢梦想，不敢夸大自己的能力。这就是孩子的问题所在。

第二种类型的孩子，他的所谓梦想，不过是为了应付差事，敷衍塞责，这说明孩子在第二个心理层次（爱和归属感）上出现了问题，内心里没有获得过满足，他们不能体会到尊严，没有感受过被肯定的快乐，也就无从了解自己的能力所在。梦想对他们来说，可望而不可即，所以他们属于自卑而没有自我认识的孩子。

家长在教育孩子的时候，不仅仅是要夸奖，还要让孩子勇于梦想。梦想是孩子认识自己、提升自己价值的一个有效途径，即便孩子不是那么优秀，但孩子敢于梦想，这说明孩子对自己的能力是有信心的，孩子的心理发展就是有空间的。

如果发现自己的孩子，连梦想是什么都不知道，那很有可能，孩子缺乏自我价值感，不知道自己的能力。那么，这个孩子一定是在家庭教育中受到了压制，或者是粗暴的对待。家长一定要针对自己的问题，检讨自己，重新开始认识孩子。

梦想是让孩子正确认识自己、提升自己价值的有效途径。对孩子人格的健康发展，起着重要的作用。这里举个实例，并做个简单的分析，希望家长朋友能够举一反三。

女儿 4 岁的时候，有次问我："妈妈，我长大能做什么呢？"我没有直接回答她，而是讲了一个故事：有一天，从美国和法国来了好几个记者，他们都想采访一个人。 这个人是个中国小姑娘，非常可爱漂亮，而且还很懂事。 她的名字叫杨美存（我女儿的名字）。 美国记者就问："存存姑娘，听说你画了一幅很美的画，请问你怎么成为著名画家的？"讲到这里，我停了下来，女儿赶紧说："我喜欢画画。"于是我继续讲道，美国记者又问："听说你成为著名主持人，请问你是怎么成功的？"女儿赶紧说："因为我的声音很好听。 我很喜欢朗诵。"美国记者又问："听说你还喜欢编舞，音乐也很精通。 请问你怎么会这么厉害呢？"女儿赶紧回答："因为我很聪明。 我喜欢音乐。 我还爱吃饭，长个子，变聪明。"

我将女儿的无限能力都通过这个故事传达出来，同时让她自己来回答，这样既让她有了梦想的真实性，又有了鼓励和内在的想象，使得女儿获得了自尊，被肯定，被重视（第三个心理需求），同时又让她有了第四个心理需求层次的发展——自我实现，价值感。 效果是非常明显的。 因为女儿在心理获得满足的同时，能够对自己进行客观评价，她既没有受到大人的强制，又没有受到大人的干涉，而是自发地看待自己，这样孩子的心理就会自给自足地发展。 孩子就会乐于梦想，把梦想当作自己未来一定会有的结果，那样一来，孩子就有了学习、生活的动机，兴趣就来了。

◯ 能量环的使用方法及步骤

1. 使用能量环，引导孩子敢于梦想，并为梦想而努力。

2. 让孩子戴上能量环，承诺孩子一定能找到自己最想要的东西（或者事物，或者是某项事业），这时候让孩子说出自己最想做的，最喜欢的，最有价值的向往，积累孩子的内心动力。

3. 父母和孩子一起，右手佩戴能量环，在家交流自己的梦想，以及实现梦想所作出的努力。 让大家都能随着能量环，将自己对梦想的感觉，以及动力释放出来。

4. 多进行这样的交流活动。 全家人很快乐地交流。 切忌说教。 让孩子感受能量环带给自己的温暖和美丽。

心灵手记44：先易后难培养孩子的意志力

有次遇到一位家长，说孩子经常不做难题在生活中，遇到复杂的事情，马上就放弃不做。很明显，这个孩子的问题在于意志力薄弱，有畏难心理，像这样的孩子，生活中其实并不少见。

我就问她平时让孩子怎么做题的，她说："先易后难。"我问她孩子吃蛋糕是怎么吃的，她说："先吃上面最爱吃的奶油。"我问她自己的习惯是什么，她说自己也是这样。我问她："你自己是不是也经常会有畏难情绪？有些事情很难坚持下来？"她回答是。

我向她指出了问题所在。孩子的意志力薄弱，做事常常有开头，难有结尾。为什么？因为她的教育方式，她自己的心理模式，给孩子的发展带来了阻力。

在生活中我们经常也会遇到另外一些人：面对困难，创造条件克服困难，一定要把问题解决。如果仔细观察他们的生活习惯，会发现他们总是把好吃的东西留到最后来享受。

这种做法，叫做推迟满足感。人人都有希望马上获得满足的心理欲望。比如，孩子放学回家，不是马上写作业，而是先看电视，或者跑出去玩；有些大学生先消费后付费，直到最后还不上信用卡……

案例分析 多年前有一家心理研究机构做了这样一个实验：在幼儿园里，给4岁的孩子们发了许多他们最爱吃的糖果。老师告诉他们，如果谁能够坚持半个小时不吃，那么就会奖励他们同样多的糖果。也就是说，只要能坚持到铃声响，他们就能得到双倍的糖果。

规定宣布之后，实验者离开了。透过监测仪器，可以看到孩子们形态各异，做法各不相同。有的孩子根本不顾及奖品的诱惑，急于想得到心理满足，马上就拆开糖果吃掉了；有的孩子一开始并没有马上吃，坐着坚持了一小会儿。但最终经受不住别人的诱惑，在别的孩子吃的过程中，受到感染，被自己的欲望征服了；剩下的极少数的孩子，一直闭着眼睛，坚持抵挡诱惑，最终坚持到了最后，获得了双倍的糖果。

　　有趣的是，科学家们后来进行跟踪调查发现，那些急于想得到心理满足的孩子，三十年后大多没有什么成就，浑浑噩噩混日子，而那些坚持到最后的孩子，有了自己的事业，做出了很大的成就，实现了自己的人生价值。

　　这个故事说明，推迟满足感，是孩子心理素质的重要一项。用我们的话说，其实就是意志力的问题。那么，如何推迟满足感呢？那就是面对诱惑，坚持二十分钟；面对困难和容易，先从困难开始；面对生活，先从吃苦开始。

　　在美国的家庭教育中，很少有家长代替孩子做事，道理就在这里。他们是想让孩子自己克服困难，自己做事，体会自己的价值感，体会自己的能力，从而让孩子建立自信；同时也是想让孩子先受苦，培养意志力，树立坚强的品质。

　　挑战困难磨砺了孩子的性情，发掘了潜能，他的能力就会无限延伸，没有穷尽。

　　在人的一生中，要想成功，必须遵循着先苦后甜的规律。无论从社会的历史发展，还是个人的成功史来看，这都是有迹可循的。在教育孩子的问题上，我们也应该从这个角度入手：让孩子自己受苦，让孩子自己解决困难，让孩子自己经受折磨，让孩子自己完整地经历过程。

　　当然这个过程，并不是通过说教，而是要通过游戏的方式，传达给孩子，让孩子慢慢参与，逐渐养成习惯。

　　女儿4岁的时候，我就开始注重这方面的培养。她每次想要买东西的时候，我就会答应给她一块钱，但是附加了一个游戏的条件：如果你能坚持到明天还不花这个钱，那么你将会得到两块钱。女儿非常喜欢做这个游戏。每次她都会选择不花，到第二天得到双倍的钱。

　　后来我把游戏扩展到生活的其他方面：写作业的时候，我把好吃的东西放在旁边，如果她能够写完作业再吃的话，她的快乐就会多一倍。女儿从自己的实践中，得到了很多快乐。她通过这些游戏，学会了忍耐，学会了坚持，学会了安排自己的时间，诸如先写作业，再看电视，玩电脑，或者是干别的事情；她知道要先做重要的事情，再做次要的事情，先搞好学习，再有自己的爱好。这让她在心理上对自己有了认知，能够明确什么是重要的，什么是不重要的，这为她未来排除诱惑，坚定地走自己的路奠定了基础。

○ **能量环的使用方法及步骤**

1. 使用能量环，注重对孩子的意志力进行加强。

2. 将能量环戴在右手上，让孩子学会在冬天跑步，晚上走夜路，独自上楼梯，一个人睡觉等。 告诫孩子，他只要能独立完成一件事，能量就会聚焦在能量环上面，变成自己身体的一部分。

3. 家长要和孩子一样，佩戴能量环，一起晨跑，或者做运动，锻炼意志力。

心灵手记45：自信心的培养模式——认识自己，爱自己

在家庭教育中，很多家长都知道，要注意培养孩子的自信心，不让孩子产生自卑感。 这是一个非常好的家教方向。 但是，在培养孩子自信心方面，却似乎不知道从何入手。 家长们也尝试过表扬孩子，但效果却不好，相反使得孩子无法管理，随心所欲。 到底为什么会出现这些问题呢？

当大人们表扬孩子的时候，是从大人的视角出发来看待孩子的，那么孩子为了获得表扬，就势必要让自己的内心需求和大人的想法合拍，这个时候，孩子就失去了自己的特点，没有了自己的发言权。 他们就不能客观公正地看待自己，而只能通过别人的标准来衡量自己。 一旦大人的态度改变，认为孩子有什么问题，那么孩子也会认为自己不够好，这样一来，孩子就会随着大人的态度而改变。 这样的孩子，情绪起伏较大，学习是为了别人而学，做事是为了利益而做，患得患失，内心脆弱，承受力较低，不利于孩子稳定人格的发展。 因为习惯被大人表扬，以表扬来判断自己是否优秀，所以他们不知道自己是谁，不知道自己能做什么，更不知道如何爱自己。

班里有一部分学生，普遍存在着对自己认识不足，不爱自己的问题。 比如，明明自己会做的事情，非要等到大人确认才会做；自己其实做得不错，却因为没有得到别人的表扬而难过，觉得自己不够好；尽力讨好别人，希望别人能喜欢自己，夸赞自己。

这就说明，孩子的心理发展方面，存在着一个问题：不能客观认识自己，不知道如何爱自己。 家长在家庭教育中就要从这个方面入手。

什么叫爱自己呢？ 其实答案很简单，就是接纳自己、善待自己、相信自己。一个有自信的人，他听从自己的指挥，知道自己能做什么，他会指挥自己坚持做下去，即便没有别人来要求，没有别人赞成，他也不在乎。 因为在他内心，他相信自己。

引导孩子认识自己，家长就要让孩子客观了解自己的优点和缺点，定时和孩子交流。 表扬孩子做过的事情，让孩子从心里认同自己的优点。 再把孩子的优点积累下来，记在日记中。 对待孩子的缺点，家长在引导的时候，是抱着接纳的态度，要让孩子知道，人无完人，没有人是十全十美的，有缺点是很正常的，重要的是，要发扬优点，把缺点慢慢缩小、改正。

在孩子能够正确认识自己的情况下，教孩子爱自己。 爱自己就是要听从自己正确的指挥，为了自己的目标而努力向前，不要因为别人的嘲笑或者阻挠而影响了自己，要相信自己的判断，坚定地走自己的路。 多给孩子讲这样的名人故事，但是切忌用说教的口吻，多和孩子做互动游戏。

尤其是在孩子成绩不理想的情况下，要格外注意引导孩子正确认识自己，培养孩子的自信心，这就需要家长改变"成绩是唯一"的这个看法，多让孩子从多方面认识自己。 为了拓宽孩子对自己能力的认识，要让孩子自己安排时间，自己给自己安排任务，让孩子学习安排自己的一切，自己使用自己。

在认识自己这个家教课题上，我是从女儿3岁开始的。 我用心理暗示法，让女儿知道她自己很聪明，什么都会做，然后引导她正确看待自己的优点和缺点。在女儿4岁多的时候，我给她讲了一个关于聪明虫子和坏虫子的故事。 我告诉她，每个人都拥有很多聪明虫，这些聪明虫子是用来让人们做很多事情的，学习、工作、生活，可是还有很多坏虫，藏在脑子里，这些坏虫就是为了阻止聪明的虫子为人们工作。 所以，人们必须学会自己管理自己，不让坏虫子把聪明虫子吃掉。 在女儿犯错的时候，我就会说，是她的坏虫子跑出来，把聪明虫子给消灭了，必须赶紧改正，不然就没有办法使用自己的聪明虫子了。 我的目的就是不让女儿因为失败而痛恨自己、不接纳自己，让她能本着用聪明虫子来为自己做事这个理念，通过学习、做事来管理聪明虫，使用自己的智慧，逐步实现自己的梦想。 这样女儿就可以公正地看待自己的失败和成功，不破坏她的自我认知，让她坚定地相信自己。 不管是做事还是学习，女儿都能非常客观地看待，对结果的好坏心理也有准备，不自怨自艾。 她的心灵不受伤害，人格没有影响，自然也不会产生自卑感。

◯ 能量环的使用方法及步骤

1. 使用能量环让孩子树立正面意识：我爱自己，自己可以改变成自己喜欢的样子。
2. 让孩子右手戴上能量环，告诫孩子，从这一刻起，她就是她最喜欢的样子。 她要照着自己喜欢的样子生活。
3. 引导孩子寻找生活中她最崇拜的人，然后告诉孩子，只要她按照崇拜的人的样子学习锻炼意志，并且模仿他们优秀的学习模式和坚强的意志力，就要将能量环戴在右手上。 告诉自己要做成他们的样子。
4. 父母和孩子戴上手环，郑重地告诫孩子，首先做自己、爱自己，然后再来学别人。

心灵手记46：教孩子自尊自立——我很重要

俗话说，好汉不提当年勇。 其实这个话，很值得我们思考：好汉为什么要提当年勇？ 答案其实也简单，好汉之所以是好汉，就因为他觉得自己很重要，所以要将当年的英雄事重新提起，目的就是唤起内心里的那种"我很重要"的感觉。 这其实是一种自我价值的认同。

人老了为什么会失落？ 为什么人没有工作，整天待在家里，会有无力感？ 原因就在于，他们觉得自己失去了重要性，自身失去了价值。 对于孩子来说，不知道自己的重要性，不知道自己有什么作用，这也是一种痛苦的事情。

当孩子坐在教室里，看着黑板听不懂老师讲什么，写作业又什么都不会，再加上老师认为他可有可无，那样一来，孩子的心里就会陷入极度的无助。 虽然外表看不出来，实际上他们的内心已经明白了自己的性质：无用。 所以当听见大人骂他笨，表面上看没有直接伤害他，其实很大程度上让他获得了负面认同。 而这恰恰是问题所在。

案例分析 一个人成功，很大程度上来自他的内心：他觉得自己对家庭很重要，对社会很重要，那么，这个人就会以自己是个重要人物的心态来对待自己，对待自己的生活和学习，全力以赴。 当年周恩来总理发下"为中华之崛起而读书"的宏愿，其实就是在内心里，将自己定位为"能够拯救中华"的重要人物。 无独有偶，毛主席当年也是胸怀天下而努力读书，研究政治军事的。 他深知自己的重要性，也坚信自己的重要性。

当孩子认为自己毫无作用，就会照着这个自我认识，下意识地安排自己的生活：随波逐流、漫无目的，不知道要什么，也不知道自己该做什么。 他们被动地听从别人，被动地让别人来安排自己。 从来不知道自己要尊重自己，自己要爱自己。

这样的孩子，就是人格缺失，缺乏对自己的尊重。 因为不尊重自己，更谈不上自己独立成长。 生活中如果有这样表现的孩子，作为家长，就必须要检讨自己，是不是在引导孩子认识自我的过程中出了问题。 如果有问题，必须要马上给孩子补上这一课。

那么，怎么来向孩子传达"我很重要"这个理念呢？

首先，在生活中引导孩子明白自己在家庭中的位置。 比如，让孩子观察自己的家庭结构：爷爷奶奶，外公外婆，他们总有一天要老去，需要他来照顾，他对大家很重要。 让孩子学会照顾家人，捶腿、捶背等，告诉孩子，未来他是最重要的人物。

其次，让孩子在生活中扮演重要角色。 家里的有些事情，诸如扫地、拖地、洗碗、端茶倒水，这些事情都可以交给孩子来做。 同时一定要告诉孩子："你真的很重要，你给大家带来了快乐！"另外，还要引导孩子多参与社会活动，比如学校组织的比赛、公益活动等。 这些活动都是展示自己，同时也是孩子用来自我证明的一个途径。 结果是次要的，重要的是在这个过程中，让孩子体验自己的价值。 对孩子愿意做的一些事情，只要是正当的、出发点是好的，就要采取支持的态度，让孩子勇于尝试，不多干涉，而是从正面鼓励和肯定，让孩子觉得自己的尝试是值得的。

女儿从 4 岁那年开始，就兴致勃勃地在家里做事了，而且每次做完事情，就要让我把她做的每件事情都用笔记下来。 这个做法其实是个心理的累积过程，也是孩子看得见、摸得着的重要性的体现。 通过这种量化的方式，孩子可以自觉地发现自己的确很重要。

在我给女儿准备的小本子上，写着日期、时间、具体事情、大人评价、做事的良好结果。 比如，2009 年 11 月 15 日，我做了三件事：1. 扫地 2. 擦桌子 3. 收拾沙发；妈妈评价：真是个勤快的孩子；做事的结果：我的勤劳可以给我带来 1000 个聪明的虫子，我会增加 1000 个快乐虫子。

这些累积的经历，让女儿认识到了自己很棒、很重要。 但是我从来不逼迫她去做事，不能为了在笔记上记一笔而做事，那样就让孩子有了心理负担。 所以，通常我会让女儿自己翻看笔记本。 有天她告诉我，说自己好几天都没有做记录了，所以她要马上做件事情。 当然，随着孩子慢慢长大，独立意识逐渐发展，女儿有了一些坏的行为：玩电脑、打游戏。 我没有强制她，而是在笔记上写下：存存今天玩游戏时间长，所以做题速度慢了。 聪明虫子被坏虫子打死了很多，需要补充聪明虫子。

存存赶紧开始做事：画画、写字、看书、踢球、做运动、休息眼睛。

我就故意用测试的方法来考验她，问了几道题之后，结果她全部过关，我就在笔记上记录：存存的聪明虫子完全又长出来了，快乐虫子又多了 100 个，存存心里别提多高兴了。

这个方法很适合于那些没有自信心，不知道自己重要性的孩子，还对 4 - 7 岁的孩子最实用。 如果孩子到了 9 岁，那么可以采用孩子写日记来进行，我把这个日记叫做"快乐日记"。 写作范围是：给自己带来快乐的事情记录，里面包括日期、事件，能够给自己带来多少快乐，假设多少个快乐虫子，都让孩子做一个记录。 其他不用多写，很简单明了。

这个方法其实就是心理学上的心理暗示法。 一个月后印证效果会发现，孩子有了上进心，知道了自己有什么优点，自信心开始萌芽，能客观看待自己。

○ 能量环的使用方法及步骤

1. 针对自卑的孩子来说，要使用能量环提升孩子的自我价值感。 让孩子放大自己很重要的感觉。

2. 家长和孩子一起，右手佩戴能量环，和孩子进行集体协作式的活动，或者是以家庭为单位的团体游戏。 告诫孩子，人人都有自己的能量环，没有孩子的能量环，这个家就不会幸福和快乐。

3. 让孩子感受右手的能量环给自己带来的幸福感。 临睡前进行心理暗示，让孩子想象自己变成一道能量的光环，笼罩在家里的每个人的心中，因为这样大家都会快乐幸福一生。

心灵手记 47：让孩子学会管理情绪——正视自己的内心

情商是情绪智力的商数，和智力商数同为人类心理的一个重要组成部分。

心理学家们通过实验发现，造成人际障碍、工作障碍的主要原因，就是情绪的问题。 如果人们不能突破自己的情绪限制，有可能让自己的事业搁浅，导致最终的自暴自弃。 而情绪的发生，仅仅只有 59 秒钟，在这转瞬即逝的一瞬间，因为情绪的变化，使得思维和心灵出现困顿停滞，甚至酿成大祸，这是最为可怕的。

我把这个危害叫做"情绪杀手"。 情绪在日常生活中左右着人们的行为，对于成长中的孩子来说，更是影响深刻，情绪的稳定与否直接关系着孩子性格和人格的建立，与未来的人生走向有很大的关联。 根据心理学家们的一份研究报告证实，情商因素在人们的事业发展中，起到的作用占到了 93%，而智力因素则仅仅占到 7%。 情绪来自内心，内心情感的波动，除了外界的影响之外，最重要的是内心对自己的接纳与否。

当一个人不能接纳自己、不认同自己，他就不会善待自己，那么他的情绪也是不安的。 情绪的管理问题这样严峻，然而家长和孩子都能否正确面对自己的内心、管理自己的情绪呢？

当孩子无法静心，不能倾听自己内心的声音时。

我仔细观察过那些情绪处于失控状态的孩子，发现他们有一个共同点：很少面对自己的内心。 我通过心理暗示中的浅度催眠法，确定这些孩子内心一片茫然，他们常常不面对自己，出于本能和别人交锋，出了问题总让自己的内心脱离理性控制，本能也防备外界，不让自己受伤害。 这说明，在孩子的早期家庭教育中，存在着被家长打骂的诱因，同时家长也从来没有关注过孩子的内心。

当家长无法静心，不能引导孩子面对自己的内心时。

○ 给家长的善意短信

家长在孩子的世界里丢下什么，都会留下痕迹，在孩子的潜意识中获得一席之地。 当家长向孩子暴跳如雷，向孩子展示家庭中很粗暴的一面，那么孩子的心灵世界也将留下这个阴影。 所以，老话讲"龙生龙，凤生凤，老鼠的儿子会打洞"。 其实这个话说的是一种心理模式的沿袭。 家长经常暴怒，孩子也会暴怒，除非教给他情绪管理，通过进行自我认知来改变这些。

面对这些问题，我们要从多个方面来入手进行情绪管理的教育：

1. 教会孩子认识情绪。

孩子一开始对情绪是没有意识的，在出生的时候，他们大多是因为饿了渴了，放声大哭，用这种情绪表达自己身体的感受。 而到了 5 岁左右，孩子在家庭中受到很多情绪影响，他们会带着大人们的情绪模式，父母易发怒，孩子会爱哭闹；父母情绪良好，孩子也会性格温和。

2. 让孩子体验坏情绪的危害。

负面情绪的危害在生活中有很多。 在事情发生之后，我们要让孩子从认识坏情绪的危害开始，让他明白自己因为负面情绪而造成了恶果，假设情绪是一个魔鬼，他就是被魔鬼所操纵的木偶，因为他没有能够管理好这个魔鬼，没有拉住这个魔鬼。 我们要让孩子见证到，他完全可以用自己的心灵，抓住这个情绪的魔鬼。

3. 不能压制孩子的负面情绪，要疏导。

情绪的产生，一般情况下来自强制力。 当内心欲望被阻止的时候，反抗就产生了，对于孩子来说，对抗是最为直接的，他们不会掩饰，而是正面冲突。这一点，家长就必须要注意，不能硬来。 当孩子出现对立情绪的时候，要赶紧用自己温和的情绪，将孩子的敌对情绪消解掉。 怎么消解呢？ 将这些敌对的情绪疏导到一个地方，不能把这个情绪留在孩子的心里。 假设情绪是一股水流，那么它必须要流出来，如果不能流出来，积累的时间长了，容易决堤，给孩子成长造成危害，要想办法让孩子把情绪表达出来。 表达出来是要解决负面情绪的危害，并非让情绪肆意发泄，而是正确引导，让孩子认识自己情绪产生诱发的因素，分析该因素，进而将坏情绪化解。

4.帮孩子寻找情绪的来源，接受内心的自己。

孩子的情绪都有其诱因，诱因有时是外在的某些事情，有时则是隐而不见的氛围造成的。当诱因是外在的事物时，家长只需引导孩子找到该事物，并正视该事物，分析其负面情绪产生的过程、原因，进而解决负面情绪。当诱因隐而不见时，父母应注意自己的言行是否给孩子造成困扰，并主动与孩子沟通，尝试用平等的态度询问，进而找出问题所在。

"情绪"不过是内心世界的投影，没什么恐怖的，教会孩子正视自己的情绪并管理自己的情绪，只有这样，才能健康成长。

○ 能量环的使用方法及步骤

1.使用能量环，激发孩子管理自己情绪的动力，让孩子主动控制自己的情绪。

2.让孩子佩戴能量环，心情好的时候戴在右手上，心情不好时，调换到左手上。

3.当戴在左手时，要引导孩子找出方法来改变情绪，等情绪平静后，再将能量环换到右手上。

第 5 章
好父母必知的心灵秘技

父母对孩子的爱是世界上最纯洁无私的爱。爱孩子，并不是为孩子建一座温室，为孩子承担一切，而是和孩子一同成长，带着孩子经历风雨，经历心路历程中的坎坷磨难。

爱孩子，要爱得透明，爱得科学，爱得人情味十足，爱得透彻中带着方向。爱孩子，该放手时候就要放手，该默契时候就要默契。父母既是他们生命的施与者，又是他们生命的见证者和灵魂的引导者。

我们要相信，即便孩子犯错，只要家长不放弃孩子成长的任何机会，完全接纳他们，慢慢用爱去感化他们，就能让每一个孩子健康、快乐地成长。

我确信在这里你们将学会：不强加自己的意愿给孩子，不将内心的不满投射给孩子，不让孩子的心灵孤独和恐惧。

本书将和你一起见证：父母一生的责任就在于给孩子真正的爱，教会他们相信自己，相信生活中所有的美好。

心灵手记48：家庭教育要从正面引导开始

面对人生的困境时，一种人说："困境正预示着我要有转机，我只要坚持下去就一定可以！"

另一种却说："我太倒霉了，怎么好运不来，偏偏霉运都落到我的头上呢？"

孩子们面对批评，一种说："老师很喜欢我，所以才教导我。"一种却说："真倒霉，这个可恶的老师怎么就跟我过不去呢？"

如果我们能继续跟踪下去，就会发现，两种不同的困境阐释，造就了两种不同的人生：一种是积极向上的，充满希望而且机会远大于困境；一种能量是向下的，充满失望而且总是会不知不觉地丢掉眼前的机会。

在学校里，这两种类型的孩子存在着很多的不同。前者勇于挑战，行为积极上进，喜欢钻研未知的领域，做事主动；而第二种类型的孩子，成绩很差，做事没有动力，喜欢推脱自己的任务，能逃避就逃避，在学习上大多选择敷衍了事。

为什么会出现这样的差别呢？是什么导致了孩子这样的思维模式？一句话：家庭教育起到了难以估量的作用。那么，第一种孩子的思维模式到底是如何培养出来的呢？

我从教十四年来，仔细观察了这些孩子的家长，也和他们都有联系，经常沟通。发现他们有一个很大的优点：他们面对孩子的问题，总是从好的一面来考虑，从正面的意义上来接纳孩子、引导孩子。

有个叫兰兰的女孩，平时考试还可以，可是有次考试却做错了很多题，我把家长叫来，目的就是想和她说说孩子的问题。可是没等我说话，家长就很高兴地说："孩子知道自己的问题，也知道想要成功需要精益求精，作为家长，对这次考试成绩还是满意的。"她这样一说，倒是把我要说的话都说了，我笑了。可惜这样的家长，在我从教的这些年里很少见到。后来这个孩子顺利考上了大学，事业风生水起。

兰兰有次给我写信，谈到自己面临困境，但是她说："我不担心，因为明天总会有别于昨天，今天的努力和奋斗最重要。"这番话其实正是她妈妈正面引导的结果，也是成功家教的一个典范。

另外一类孩子则没这么阳光，他们容易自暴自弃，灰心沮丧。我又从不同的家长那里找到了原因：他们总在不停地抱怨、发牢骚，说孩子这里不行、那里不行，甚至连吃饭、穿衣都成了问题。最可怕的是，他们将这种抱怨的习惯、负面的能量，都一股脑地通过自己的愤怒发泄，强加给了自己的孩子，成为了拖累孩子成长的情绪负债，孩子想要改变，却又积重难返，成了问题孩子的最大负累。

有次我带学生去参加朗诵大赛，遇到一位妈妈，她的孩子已经上了高中。当时我看那个男孩非常谦和，面带微笑和我打招呼。我们彼此都不认识，他落落大方地和我交流自己的体会，并且在大赛现场表现得非常好。后来他妈妈跟我讲，这都是孩子自己跟着电视学的，没有人督促，也没有人指导。她说从小的时候，孩子很调皮，有段时间她经常数落他，但是后来她发现，孩子开始对她有躲避的行为，这让她明白了自己的问题。后来她总是从正面的角度，发现孩子的问题，理解孩子的行为。这个正面积极的思维模式，让这位妈妈现在都十分推崇。她告诉我，家里很忙，平时没有时间照顾孩子，于是就选择放手让孩子体验，孩子从12岁开始独立在各大城市旅游，现在16岁，已经到过20多个城市，见多识广，而且做事很有主见，包括这次参赛都是他自己一手操办的。她只是在最后决赛这天来分享儿子的喜悦。

看到这位妈妈幸福的笑容，我体会到父母最大的心愿也无非如此。孩子能够独立安排自己的生活，有自己远大的志向和目标，总是可以坚强面对困难，这就是家庭教育的成功。我们完全可以选择放手，让孩子天高任鸟飞。

从这个角度上说，家庭教育成功与否，取决于是否对孩子进行人生导向的把握和引导，是否能让孩子释放自己的能量，更快解决问题。而积极的正面引导，正是让孩子从正面的角度接纳自己，把所有的能量都集中在解决问题上面，把力量都用在做好事情上面，而不会因为负面的情绪，而失却向上的力量。当孩子总是能够从积极的一面，挖掘现象背后的优势，看待问题积极的一面，他就会养成惯性的向上思维，对未来的发展大大有益，自己也就少一点怨天尤人，少一点自卑和抱怨，就会把自己的能量都放在如何解决问题方面。这才是家庭教育的重中之重。

○ 给家长的善意短信

1. 告诉孩子，出了问题不要怕，有问题很正常，看不到问题更危险。
2. 让孩子多读正面向上的书籍，多看人生励志类的影视剧等。
3. 让孩子多和那些有积极精神，考虑问题比较正面的孩子交往。
4. 在孩子面前不要谈论灰暗面，多说说积极的话题。
5. 不让孩子和有负面能量的孩子交朋友，尤其是不和经常抱怨的孩子交往。
6. 不在孩子面前发牢骚，不为工作抱怨，不为孩子抱怨。

7. 家长要对自己的未来家庭规划有信心，对自己的孩子也要明确自己有信心。

○ **能量环的使用方法及步骤**

1. 使用能量环，家长可以觉察自己存在的负面性。

2. 当自己啰嗦抱怨孩子，给孩子许多负面消极的东西的时候，将能量环戴在左手上。等自已能够冷静面对自己的时候，就要将能量环换到左手上。

3. 通过换手的动作，可以大致了解自己有多少次出于负面的思维模式中。如果频率过多，那么就要考虑进行冥想式减压。

心灵手记49：寻找孩子的十大优点

考试结束，有位家长跑过来问名次。我其实想和她谈谈孩子，最近这个学生心情很不好，原因就在她身上。可是这个家长很想知道孩子的成绩为什么退步了，从原来的前十名，降到了现在的二十名。这个落差她接受不了，也想不明白。所以她情绪低落地问我："程老师，是不是我的孩子最近表现很差？"

我没有回答她，而是说："你的孩子其实很好。不过，你给她制造了很多的困扰。"家长很惊讶，我问了下孩子的情况，家长的话题被打开，可是谈的却都是孩子如何不好，如何惹她生气的方面，越说越生气。这点我在家长身上经常见到，他们不能从分析的角度考虑孩子，公正地了解孩子，而是从抓缺点、看缺点的角度来看待孩子，其实无形中会影响自己对孩子的客观评价，更重要的是会放大了缺点，使自己的孩子在自己的心目中一无是处。

后来我让那个家长列出自己孩子的十大优点，并且举出相关的事情来加以印证。家长犹豫了很久，想了想说："我还真看不出来孩子有什么优点。"我给她一周的时间，要她每天找出十条优点，综合起来，都记录在本子上，算是家教日记，记录方式为：优点——事件，然后再来见我。

过了一段时间，家长再见到我的时候，说自己从来没有这样完整地看过孩子，也从没有这样真实地了解孩子，她的内心里是非常快乐的。因为孩子优点远远大于缺点。 之所以让家长在纸上记录，目的就是形成比较直观的认识，可以把孩子的优点了解得更清楚、更加深刻。 家长在心里也会进行对比，从不同的角度对孩子重新进行评价。

过了不久，我又接到一个家长的咨询，说自己的孩子近段时间不爱说话，厌学逃学，以前并不是这样的。 等我见到孩子之后，经过心理疏导，才知道孩子的问题正是因为父母过于挑剔造成的。 家长说，因为希望孩子将来能够更优秀，所以就要求严格，看见孩子有一点问题就赶紧要求改正。

其实家长的心情是可以理解的，但有一点不要忽略了：人无完人，过分苛求孩子，就会让孩子压力过大，成长艰难。 时时处处找缺点，让孩子看到的只是自己的缺点，不知道自己的优点，孩子的内心就缺乏安全感、缺乏自信心，取而代之的是失败感。

在家长挑剔孩子的时候，有些问题其实并不是孩子的，而是家长的。 也就是明明是家长自己愤怒，自己的心情不好，因为正好看到了孩子的缺点，一下子将孩子的缺点放大，家长就通过大发雷霆来释放自己的愤怒。 可是这种状况却让孩子莫名其妙地挨批，受到的打击毫无来由，孩子因为心里委屈，看不到问题真实的一面，会将痛苦压抑，压抑过久，就会出现暴戾或者是自轻自贱的行为。 如果这样的话，孩子的人格障碍就有可能出现。

有次一个孩子上课老在哭，注意力根本集中不起来。 我问明了情况，才知道他是因为和爸爸大吵了一顿，心里很郁闷，不知道如何发泄。 爸爸挑剔他没有把鞋子放到合适的位置，他当时争辩自己这样做是有原因的，结果爸爸借题发挥，从他的这个行为说到他的学习、生活等各个方面，总之都是挑他的错，让他深受打击。 虽然我尽力安慰，但一连几天他都打不起精神。

我和孩子的家长沟通，让他们从看清孩子优点这个角度入手，教育孩子的日常行为，而不是这样针尖对麦芒地过分挑剔，家长后来做了深刻的思想认识，每天都记录孩子的优点。 心情也好了，不再用自己的情绪来度量孩子的行为。 后来那个男孩情绪很稳定，心理发展进入良性的轨道。

我们看待孩子的优点，并不是骄傲自大，也不是不思进取，而是从客观的角度，多分析孩子的优势，因势利导，让孩子发展自己的优点，通过优点来树立自信心。 家长也可以从孩子的优点中，得到情绪上的安慰，不去过分奢求、过分苛求。 这个家教原则是我们在未来的生活中，亟待落实的。 毕竟，未来的社会竞争激烈，如果没有良好的心理素质，健康的性格发展，将无法适应这个时代的发展。 那么如何来实施这个原则呢？ 下面有一些建议供大家参考：

○ 给家长的善意短信

1. 用 21 天的时间，开始着手观察孩子，寻找孩子的优点。

2. 采用日记体的方式，将孩子的优点罗列下来，记录上日期、优点、事件。当然这些优点，可以分为学习习惯方面的、行为习惯方面的、个人品质方面的、处世为人方面的等诸多方面。 例如：8 月 24 日，处世为人方面，知道关心父母，生病照顾妈妈。

3. 晚上睡觉前想一遍孩子的表现，然后记录下来孩子的行为。 早上再想一遍。

4. 找到孩子的优点之后，设计一套和孩子交流的方案，和孩子讨论他的优点。

5. 向孩子表达对他的赞美。 但是要注意，不能使用转折词语，不能说"你有这么多的优点，但是……"要直截了当地告诉孩子，你为他的优点高兴。

6. 让孩子感受到你的真诚，而不是有什么目的。

7. 给孩子足够的时间，让他展示自己的其他优点。 激励他勇于向你展示他自己。

8. 让孩子大胆地展示自己的优点，家长静观其变。

9. 在 21 天后，家长的心态就会变得平和起来，对待孩子的问题，相对来说客观多了。

○ 能量环的使用方法及步骤

1. 配戴能量环，家长可以改变自己抱怨孩子、不接纳孩子的心理模式。

2. 累积孩子的积极正面的事情，在脑子里形成清晰的图像，右手戴上能量环，让自己冥想，告诉自己孩子很优秀，是一个正在蓬勃成长的生命。

3. 右手戴上能量环，心里要暗示自己，这个手环就是孩子的信心和希望，如果自己抱怨不接纳孩子，就将手环调换到左手。

4. 反复调换，让自己觉察到心态的变换。 直到最后内心越来越平静。

心灵手记 50：教孩子有效管理自己的时间

我平时工作很忙，既要处理学校的事情，又要解决学生的各种心理问题。 在课余时间还要带孩子，对我的女儿进行家庭教育，写作的事情也不能耽误。 在别人的眼里，我几乎是分身乏术。 其实不然。

时间其实是一块海绵，只要挤一挤，终究会有的。 那么时间从哪里来呢？我把握了一个原则：就是管理好自己的时间，做好时间规划。 我把时间列为几大块，尽量提高效率。 在工作时间我会尽量用全部精力投入，而在一些零碎时间，诸如路上的时间，我就和孩子交流，做各种思想教育。 其他的时间就用来思考和写作。 尽量不浪费。

为了不浪费宝贵的时间，我常常会将自己的时间计划预先列好。 比如，9 月 23 日，计划做四件事：1. 对孩子进行时间的价值的教育，在回家和上班的路上完成；2. 思考我的作品系列中的一个章节，完成并且形成书面草稿；3. 安排和某某同学见面，要疏导她的心理问题某方面；4. 阅读相关的某节资料，要拿出自己的方案和思路。 等到我的计划列完之后，第二天按照计划进行，完成一项就在记录本上划掉一项。

每次我做的这些计划，都是在晚上睡觉前写的。 女儿 4 岁的时候，看我这样在纸上写写画画，很是好奇，我就把写的东西念给女儿。 在她四岁半的时候，她居然也要一个小本子，让我把她的时间安排写进去。 女儿口授她的计划，到第二天她按照计划做事。

这样的情形持续了一个星期，女儿不用我来交代，她就自觉地开始安排自己。 比如，周六做事：1. 扫地；2. 自己画一幅画；3. 看动画片四集；4. 玩电脑到闹钟响；5. 找小朋友玩。

女儿的计划排得很满。 虽然有些没有按照计划严格执行，但是毕竟她开始有了管理时间的意识，对时间也有所了解，后来她写了一首诗歌，叫做《时间的流水》刊登在某儿童刊物上。 女儿到了 6 岁，和我一样，也总是带着一个小本子，在上面记录自己要做的事情，对时间的安排她心里也有数。

从女儿这里我发现，孩子的时间观念是从大人的培养开始的。 如果没有大人的引导，那么孩子对时间的划分就很难有清晰的认识。 有的学生沉溺于看电视、玩游戏；有的学生跟着爸妈，很大了还黏人；有的学生和朋友出去惹是生非，或者是去冒险、做些恶作剧等；也有的学生选择发呆、吃东西、玩玩具。 这些都是对时间没有明确认识的表现。 孩子们时间分配上的不同，导致了性格上的一些差异。 喜欢利用时间信手涂鸦的孩子，性情稳定，做事有始有终，能够坐下来约束自己；喜欢利用时间东跑西颠的孩子，做事大多虎头蛇尾，东一榔头西一棒子，没有耐性；喜欢用大量的时间发泄愤怒、哭哭啼啼的孩子，负面的情绪过大，做事凭感觉，没有感觉就不做，遇到事情容易选择逃避；还有些孩子放学后，被家长送进各种特长班，即便不是兴趣所在，待在那里说话闲聊、做小动作，家长也觉得好过在街上闲逛荡。 久而久之，这样的孩子大多做事被动，喜欢被别人操纵主动权，没有独立安排自己的能力。

孩子之所以没有能力安排自己，原因就在于被大人剥夺了支配时间的权利。他们习惯被别人安排，对时间没有概念。 几乎每个班里都有一些缺乏自我认识的学生，做事总是老师推一推才动一动，甚至推也推不动。 这种情况，就属于被动消费时间，不能了解时间的价值，更不能独立支配自己的时间，甚至从来没有想过要支配自己的时间。

有次一个家长咨询我，说孩子上课也注意听讲，回家就在自己的房间里写作业，整体表现挺好的，怎么会成绩老是很差呢？ 通过和孩子的心理沟通，我发现这个孩子跟自己妈妈玩起了地下党。 他伪装自己很听话的样子，其实是想让家长放松对他的管束，他上课的时候人在心不在，做作业也是装装样子，做完后错了一大堆。 孩子说，自己被管束得没有一点自己的时间，心里很不服气。 这就是孩子对时间的无效管理。

○ 给家长的善意短信

如何培养孩子管理自己时间的能力呢？

1. 家长要从时间上把握孩子的兴趣、爱好。 比如，爱看电视的孩子，需要进行时间上的规划，不能毫无节制。 要让他自己安排看电视的时间，鼓励他施行自己的计划。

2.家长要对自己有时间安排，给孩子做出示范。

3.多给孩子讲时间规划方面的成功者，让孩子学习效仿。

4.让孩子合理规划时间，制订好自己的计划。

5.要让孩子高效利用时间，尤其是课堂以及写作业的时候。

○ 能量环的使用方法及步骤

1.通过能量环的使用，让孩子学习如何有效管理自己的时间。

2.让孩子佩戴能量环。 暗示孩子，这个能量环可以帮助她利用时间，做她想做的事情，而且还可以让她走在时间的前面。

3.带着孩子做实验，调整好时间，让孩子有亲身的体验。 如果孩子有浪费时间的行为，就将能量环调换到左手。

4.让孩子感受反复调换的内心变化。 说出来，和父母交换一下意见。

家教手记51：量孩子的力而后行

现在家庭教育中，有一个很普遍的现象，就是大家都知道要对孩子说："我相信你，孩子你能行！"在这个"你能行"的氛围之下，孩子的积极性被调动起来，可是问题接着又来了：家长对孩子提出过高要求，导致有些孩子出现了畏难情绪。

曾经教过一个学生，平时成绩还可以，可是每次一到重要考试就考砸。 考试一结束，听说了成绩就心里难受，失败感很强。 有次问我："程老师，你觉得我行吗？"我说："只要你相信自己，就一定能行的啊。"可是那个学生问："我妈说，要拿到前五名才行的，妈妈相信我的。 为什么我还是不行呢？ 你说，我是不是特笨啊？"其实以他的成绩，能到前二十名已经不错了（大班额）。 可是家长，居然给他定的目标是前五名，就有点苛责了。

让孩子勇夺头名没有错，只是这个目标的制定太不切合孩子的实际就会拔苗助长。 孩子的进步是一点一滴进行的，不能一步登天。 成绩也得慢慢来，总得有个循序渐进的过程。

这个问题在学校里并不少见。 家长也抱怨说自己天天都夸孩子，鼓励孩子"你一定行的，妈妈相信你"，可是为什么孩子总不能达到理想的结果呢？ 问题就在，家长理想的结果，往往和孩子的实际是不相符合的。

这里我们必须量孩子的力而后再行！ 量孩子的成绩来给孩子定目标，量孩子的爱好来评价孩子，量孩子的能力来鼓励孩子！ 做不了大众，做个"小众"的孩子，走"小众"的路也未必不可以！

世界上没有两片相同的树叶，而孩子与孩子也是各不相同的，用同一个尺度来丈量可以，但得有一个个性化的角度。 比如，这个孩子数学好，那个孩子数学不太好，但是语文好些，说明孩子语言能力强；这个孩子学习中上等，但是才艺属于一等一，孩子还是颇有艺术天赋的；这个孩子学习很努力，今天要比昨天有进步，那他是个积极向上的好孩子；这个孩子没有其他特长，但是很有领导才能，那他也是能行的！

我们教育自己的孩子，应该从孩子的自身实际出发，如果能在自己的基础上得到发展，那就是"行"，如果时时处处要求孩子和别人的标准一致，那就会造成孩子心理上的"不行！"每次考试前，我会让学生们制定目标。 其实不用我来给他们制定，每个人早就被家里提前"定制"了：得到某某名次，就可以获得某某奖项，否则，免谈！

这个奖惩方案刚开始是很有效果的。 家长们也乐于动用物质刺激，来让孩子就范。 可惜的是，过不了多久，孩子们就失去了兴趣。 有次一个孩子对我说："算了，不答应我的条件算了。 反正也实现不了！"学生说父母给自己制定的目标是九十五分以上，这样的成绩，她觉得自己根本达不到。 我查查她平时的记录，能达到八十多分就算是有很大进步了。 这就说明，家长不能客观评价孩子的能力，过分提高对孩子的期望值，会造成孩子的畏难情绪。

另外，我们确定孩子"行"的范围不仅仅是在学习上，还应该包括生活、行为、习惯、兴趣、为人处世等多方面。 量孩子的力，就是要从综合的角度，看待孩子的知、情、意、行，如果单一地看待孩子，难免一叶障目，让孩子局限于自己的缺陷，看不到自己的优点，陷入自卑。 对孩子的成长来说，如果他拥有浓厚的兴趣，拥有良好的习惯，从行为到心理，从思维到情感，都能够循着良性的轨道发展，那么未来这个孩子就是"行"的。 评价孩子，鼓励孩子，要用长远的眼光看孩子，从发展的角度认识孩子。 如果孩子数学弱一点，那就从其他优势上培养他，说他"行"，然后用"行"引导兴趣，把"不行"的慢慢领上来。 当然，重点还是要放大优势、明确方向。 以前有个学生，学习不怎么好，但是孩子喜欢上了体育，后来父母就把他送进了体校，结果那个孩子有了出息，进了国家队。父母一直都当孩子是"行"的。

在家庭教育中，这种心态叫做"量力而行"，就是客观公正地度量孩子的各种能力，包括兴趣，爱好，习惯，行为，知、情、意、行、心理，健康等诸多方面，公正客观地考量，然后给孩子各种鼓励、支持，制定相关的目标，给他们"行"的指导。 孩子从自己的爱好出发，从自身的状况出发，没有心理压力，学习就会相当轻松。

○ **能量环的使用方法及步骤**

1. 配戴能量环来帮助家长克服恨铁不成钢的心理模式，摆脱不切实际"高标准的家教要求"。

2. 戴上能量环，告诫自己要养成循序渐进的习惯，对待孩子的问题，要从孩子的心理需求出发。 多问问孩子的问题，克服从自己出发的习惯性处事缺陷。

3. 如果能够冷静客观地看待问题，就将能量环戴在右手上。 反之，戴在左手上。

心灵手记 52：给孩子传递幽默

每年教过的学生，都可以感受到我的幽默。 课堂上，因为一句别开生面的幽默广告语，或者是风趣故事，让他们受到感染，不苟言笑的孩子也变得快乐，从心底里和我亲近起来。 我在看到他们的内心之后，总是能够和他们做朋友。 这一点，是从我给孩子们传递幽默开始的。

在家里我对女儿的问题，大多选用的也是幽默的解决方式。 即便是在她出现叛逆情绪的时候，我也会用机智的幽默来对冲孩子的对立，让她感受到我的坦率。 女儿因此和我很贴心，她的叛逆和忧伤，在我的一句话或者一个幽默的动作中，很快消融掉了。 我不强迫她来执行，但是我可以用另外一种方式让她快乐地接受，这就是家教当中的艺术。

我一直提倡心灵家教，本书也是旨在推行这一家教理念，而心灵家教的艺术性，就集中体现在家长的幽默人格上。 心理学表明，当心存戒备和叛逆的时候，每个人都是有外部特征可循的。 孩子们更是将动作和表情表露无遗。 比如，他不喜欢听你讲话，会侧过身去，一边做别的事情，一边心不在焉地听你说话，这说明他根本没有在听，而是在打发那段无聊的时间。 这个时候，很多家长以为，只要说下去，管他听不听，终究会飘进他的耳朵里。 其实错了，孩子在选择抗拒的时候，你说的话，对他来说，就等同于废话。 他可以在心中将这些废话很快过滤掉。

所以很多家长抱怨，说自己什么话都说了，也没少教导自己的孩子，可是孩子就是左耳朵进、右耳朵出。 道理就在这里，孩子采取了抗拒的心理，他不愿意接受，哪怕你说的是真知灼言，他还是置若罔闻。

那么如何改善和孩子的关系呢？ 首先要接纳孩子，爱孩子，这是主要宗旨。那么通过什么形式来表现呢？ 从教这些年来，我从无数的家长那里得到了一个很明确的答案：用自己的快乐和幽默感来征服孩子。

具有这样心态的家长相对来说太少了，可能都认为在孩子面前板着脸更有权威性，更能镇住孩子。 其实不然，畏惧只能让孩子和家长隔得太远，不能交流沟通，亲子关系会很糟糕，而当孩子从内心里接受家长的幽默之后，他就能和家长沟通，有什么事情他愿意说出来。

我每年教过的学生，因为受到我的感染，他们的作文和日记里，都会出现很多幽默的句子，从字里行间都可以读到一种快乐的心情，这让我很受启发。 他们在向我讲述自己的委屈的时候，也是采用一种快乐的幽默写法。 这就说明，孩子已经学会了消解痛苦。

这对孩子的人格培养，也是一种很好的熏陶。 很多的孩子见识了这种人生态度之后，他想问题就变得更客观，而不至于钻牛角尖了。

从心理学上讲，幽默可以提高智力，同时刺激大脑中的内啡肽，增加幸福感。 有幸福感的人，生活更有积极主动性，做事大多能量力而行，客观看待自己的一切。 在这样环境中长大的孩子，会更加珍惜自己的生活，乐观看待困境中的自己。

这几年随着幽默剧和小品的流行，我们很多人的心灵获得了喘息的机会。 人们在疲累痛苦的时候，在幽默的感染下会心一笑，也算是一种心灵治疗。 所以，把这种良好的心灵治疗方式传递给孩子，既可以有效改变亲子关系，也可以让孩子感受到家庭的和谐，我认为，这将成为家庭教育课堂中的一个新亮点。

○ 给家长的善意短信

幽默和乐观是家长人格的体现，也是一种处世的智慧，对孩子的影响非常深远。 那么，如何传递幽默给孩子呢？

1. 和孩子交流一些笑话，大家一起笑。

2. 多和孩子看一些喜剧片，让孩子感受到人生的另一种态度。

3. 在向孩子灌输思想的时候，一定要注意方式，想办法让孩子不知不觉地被吸到，而不是强迫。

4. 家长要做出榜样，面对困难时用幽默的态度来面对。

5. 教孩子从枯燥的生活中寻找幽默、发现快乐。

6. 让孩子的思维活跃起来，培养孩子的喜剧元素。

7. 培养孩子的乐观态度，适当的幽默自嘲也可以是一种方法。

○ 能量环的使用方法及步骤

1. 通过配戴能量环，转变孩子和自己的思路，让大家学会使用幽默来处理问题。

2. 戴上能量环，告诫自己和孩子，要从冷静背后，学会幽默地处理事情。 能量环可以帮助大家做到这一切。 看喜剧片、幽默小品的时候，佩戴在右手上。 悲伤的时候，佩戴在左手上。

3. 感受自己调换能量环的频率，慢慢学会观察自己。

心灵手记53：有事说事勿下定论

莉莉是我班里的学生。有次我让大家写作文，说说自己的委屈和烦恼，她一桩桩写了很多。其实里边大部分都是说自己的烦恼。里边反复提到的事情，都是说自己的妈妈爱给她"扣恶名"。头发没有梳好，扣的恶名是"这么大，连梳头都不会，懒死了"；房间来不及收拾，扣的恶名是"我要是死了，你以后谁管你，懒猪"；作业没有写完，扣的恶名是"整天给你吃喝，你这太对不起我了"……莉莉说，一听见父母说这些，都要烦死了。

其实这个现象，在很多学生家长身上都存在。他们在作文里都写到了这些委屈。为什么父母们要这样给孩子乱下定论呢？

家长的内心是想孩子足够完美，勤快、聪明、好学、爱钻研、孝顺，能够独立生活。可是这样的孩子，哪里还是个孩子，分明是一个十全十美的大人。实际上这个想法作为父母人人都有，只不过有的父母能够容许孩子不完美，而有的父母却不容许孩子出差错。这个完美情结成为了父母们心头的一块石头。为了验证孩子是否完美，有些家长会拿自己的孩子和别人的孩子比较。比来比去，就无形中比出了怨气，因为孩子总归要有不如别人的地方。所以，家长的心态就开始不平衡。愤怒就自然出来了。

当家长们愤怒的时候，他们已经不能够正确地面对事情本身，这个时候，很多家长仅仅是为了发泄愤怒而来斥责孩子、啰嗦孩子，实际上有没有效果，他们几乎都很少会考虑，这就叫"情绪失控"。家庭教育中的情绪失控，对孩子的负面影响很大。类似便秘一样，虽然危害不是那么直接，但从孩子的内心里，却会产生厌倦，莫名的烦躁等情况。

像莉莉这样经常受到情绪失控的父母指责的孩子，大多都比较内向，做事缩手缩脚，极度犹豫，对自己没有信心，不愿意担当责任。叛逆最早也是从他们身上出现。

在未来的生活中，甚至到了他们的家庭生活，也会出现类似的情绪，他们也会再来啰嗦自己的子女，而且在工作中，他们会过分抱怨别人、抱怨工作，而不能正确看待问题。

这种情况我叫做"没事找事"型的家庭教育。因为孩子出现了问题，本来家长可以做到有事说事，把这个事情简单明了地说一下，比如，被子没有叠，或者是头发没有梳好，就很明确地说："头发得赶紧弄好，要不出去多不好。"然后，转身就闭嘴了。这样孩子也知道该怎么做了，负面的情绪影响也会没有。事情就解决了。家长的愤怒情绪也就不会被刺激起来。

在家长和孩子啰嗦的同时，家长的心理产生了联想式的愤怒。就是激活了"情绪链"，以前埋藏的愤怒也一股脑地出现，家长才会情绪失控，越说越生气，越生气越要说，当孩子出现一点不耐烦的表情，就越发加剧内心的愤怒，这种怒火如果孩子不做出妥协，就不会停止下来。这种可怕的怒火，烧掉了孩子的自尊，也烧掉了家长完全可以解决问题的逻辑思维能力。

○ 给家长的善意短信

那么如何转换这种心态呢？

1. 就事论事，把问题放在如何解决上面。

2. 脑子里要思考用哪种方式和孩子交流更好。

3. 要学会简单明了表达自己的意思，不能拖泥带水。

4. 对孩子的事情，要有明确的目的性，知道自己要说什么，有什么后果。

5. 不要激怒自己的情绪，让自己带着微笑。

6. 学会用幽默法和激将法，让孩子乐于接受。

○ 能量环的使用方法及步骤

1. 通过配戴能量环，改变家长对孩子妄断定性的习惯。

2. 家长右手戴上能量环，想象孩子很平静地和自己说话，脸上的表情很开心。

3. 如果孩子在自己的教导下流泪哭泣，就要将能量环调整到左手上。

4. 通过反复调换，观察自己对孩子造成的伤害，形成心理性条件反射，选择将能量环戴在右手上。

5. 坚持右手佩戴能量环。

心灵手记54：勇于向孩子认错

君君一个星期都不吃饭。因为她心里有一个结，她被爸爸在大庭广众之下打了一个耳光，这件事情在她心里成了一个耻辱。后来我和她爸爸沟通的时候，这位家长也十分后悔，觉得自己有些粗暴，但是碍于家长的面子，还一直保持着威严，君君和他一句话都不想说了，这种伤害让君君痛到了心里。

君君在后来的学习和生活中，情绪十分低落。上课的时候，神思恍惚，不知道在想什么。她说自己很害怕，怕别人会再次伤害她，她觉得生命太无聊。

像君君这样遭受父母的暴力，而父母也心存悔恨的现象，在家庭教育中是很常见的。家长之所以动手打孩子，在他们的心里都是有足够理由的，其中一点是所有家长们都认可的：孩子的生命是自己给予的，自己含辛茹苦养大了孩子，孩子是属于自己的，孩子的权利也将属于自己，自己有权处理孩子，包括动手打、动嘴骂。我把这种思想叫做"私有型占有"。

中国几千年来的宗族思想，不是一时半会能改变的。很多家长要求孩子全部都听自己的，很专断地安排孩子的一切，如果孩子有违背自己意愿的想法和做法，家长就会觉得他们不听话，不听从管教，不是个好孩子，这也属于私有型占有思想。

私有型占有思想，忽略了孩子内心的成长和心灵健康，不利于孩子的健全人格发育与现代家教理念，应予以摒弃。

几乎所有的家长对此却无法理解，因为家长所做的一切，不管对错都是为了孩子好。在愤怒的情绪之下，有些家长甚至要求孩子一动不能动，否则打得更狠更厉害。当愤怒的情绪平息后，家长们多少会有些后悔。但是为什么就不肯面对自己的错误呢？这个思想还是来自"私有型占有"这个根深蒂固的心理模式。

家长潜意识里觉得，管教孩子是天经地义的，是本着为孩子的未来着想的，完全都是为了他将来更好。而事实上，有多少这样粗暴的行为能够真正给孩子带来教益呢？即便给孩子带来了短暂的效果，但却由此在孩子的心灵里埋下了恐惧、暴力的阴影，让孩子不能正确认识问题、正确看待自己，那样一来，其实是得不偿失。

如果家长事事都要求孩子听话，让孩子心生畏惧。 那么，家长即便做错了事，对打骂孩子心存后悔，但为了维护所谓的面子，却仍然保持矜持。 这样一来，孩子的心结也会越来越重，和父母之间的距离也会越来越大。 他们不会再信任自己的父母，内心会觉得恐惧，而且这种内心的无助感会一直伴随孩子的一生。

○ 给家长的善意短信

1. 勇于向孩子认错。 面对自己心中的家教阴影，抛弃旧思想。

2. 告诉孩子，每个人都会犯错，父母也会。 有错就改，这很正常。

3. 公正地看待自己的孩子，别让旧的传统思想约束了自己。

4. 检讨自己在对待孩子方面是否存在这些想法，如果有，就要学习改掉。

5. 明确一个观点：孩子和自己一样，是独立的生命，家长没有权利控制他的一切。

6. 不要刻意控制孩子，听从孩子的意愿，尊重孩子的选择。

7. 给孩子可以犯错的权利。

○ 能量环的使用方法及步骤

1. 通过使用能量环，家长要让自己改变武断的处事方法。

2. 家长右手佩戴能量环，想象孩子在自己的怀抱中，快乐无忧的样子，最好能有一些灿烂的画面来烘托。

3. 如果出现暴躁的情绪，就要调换能量环，让自己有所觉察。

心灵手记55：别忘记孩子的天性

有次家长来咨询，说自己的孩子总是不知道收拾屋子，家里弄得很乱。 学习上也需要大人督促。 家长天天数落，孩子还是我行我素。

　　我问家长："你觉得小孩子应该是什么样的？"家长想了想说："应该听话一点，能把我安排的事情都做好。"我问："那么，你所说的好，到底是指什么呢？"家长想了想，没有确定的答案。

　　后来又遇到一个家长，说自己的孩子整天不苟言笑，小心翼翼，看人的脸色说话行事，别人都夸孩子懂事，知道说到别人的心里去。可是家长却有些担心。毕竟孩子还小，如果时时处处像大人一样，顾虑重重，做事瞻前顾后，那么孩子的天真可爱就会再也没有了，少年老成未必是好事。

　　生活中这两种不同性格的孩子，在家长的心目中，都是让他们不满意的。为什么呢？这里面有一个家长的心态问题在作祟。比如第一种孩子，太孩子气，做事丢东忘西、顾此失彼，爱玩好动、随心所欲，这种孩子符合孩子的天性，但是他不符合大人心目中的期望，家长们觉得孩子距离自己的期望值还有一些遥远。

　　可是话说回来，如果真正让家长想明白，他们对孩子的期望到底是什么，他们似乎也讲不明白。而这种心态就是不想让孩子失去童心。

　　第二种孩子，他以一种少年老成、不苟言笑的状态出现在父母面前，可是却缺乏童心和童趣，过分成熟，这让家长觉得孩子有些圆滑世故，不太真实，有伪装的可能。而事实上，这样的孩子大多都不开心。他的内心因为遭受到的约束太多，或者是受到的心灵打击过多、过分独立，就会变得老成持重，活得很累。

　　这两种不同的孩子性格，孰好孰坏并不能一概而论，但是从孩子的心灵成长方面来分析，孩子还是自然成长比较好。保持自己的天性，拥有童年的天真和幻想的可爱，这是孩子的幸福和快乐所在。

　　在生命历程中，孩子从意识到内心自我开始，就在不断学习变得智慧、变得脱离稚气，这个过程孩子如果能保持自己的童心，寻找自己的快乐，那么他的成长就是健康的。童心未泯，童心可鉴。我们人性中最愿意讴歌的也就是这样的童心。

　　真正的童心是心无旁骛，追求自己的内心宁静，像初生婴儿时候的纯粹和干净。 也就是说，他的内心是没有受到污染的，没有大人们所教导的那些虚伪、虚荣，那些画地为牢的框框，那些所谓的为他好的"毒舌"言论，孩子统统没有接受到。 这样的孩子，就有可能还保持着天真的幻想，对未来充满期待，活在他自己的世界里，免受外界的污染。 这样的孩子，才具有真正的童趣和童心。

从这里我们可以知道，孩子有孩子的思维，有孩子的天然个性。 如果大人一味地苛求孩子，让孩子学会察言观色，学会虚与委蛇，对孩子来说，也是一种悲哀。 毕竟，孩子要活在自己的世界里才会找到快乐。 为了一些外在诱惑，外在的约束，为了迎合家长或者老师，不得不做出那么矜持的样子，佯装自己有多么懂事，这恰恰证明孩子在作出舍弃。 这种舍弃正是家长的冷漠或者是强迫造成的。

孩子是属于自己的，孩童的本真也是最符合儿童标准的。 只不过有些孩子，因为在生活中强加的东西太多，他做不到，久而久之就形成了自卑、抱怨、愤怒，甚至是自闭的性情。 这些东西，都是和他的天性背道而驰的。 孩子的天性，就是充满兴趣、充满求知的欲望，愿意做一切尝试。 那么对孩子的天性，我们该如何理解呢？ 在生活中如何保持孩子的天性呢？

○ 给家长的善意短信

1.孩子考虑问题，是从好玩的角度出发的。 这一点，作为家长要给予理解和尊重，不能强迫孩子接受自己的想法。

2.让孩子本着好玩的心态进行学习，就会激发孩子的兴趣。 例如，玩中学，学中玩，就是适应孩子的天性。

3.孩子爱看动画片，这也是符合孩子的天性，尤其是爱看魔幻色彩浓郁的画书，这些家长都要尊重和理解。

4.在和孩子进行交流的过程中，多考虑孩子的天性，不要强加自己的意识给孩子。

5.在生活中，让孩子从自己的天性出发，比如，爱问为什么，爱打开玩具，爱破坏家里的物品等，不打击孩子的积极性。

● 能量环的使用方法及步骤

1. 通过使用能量环，改变自己对孩子的限制性管教模式。

2. 让孩子和自己一起佩戴能量环，和孩子约定要一起实践心灵活动：尊重孩子的感受，不强加自己的意志给孩子。 如果大家都同意，就将能量环戴在右手上。 反之，则戴在左手上。

3. 孩子如果出现一意孤行时候，也要调整能量环，戴在左手上。 直到孩子和父母都能心平气和，再把能量环调整在右手上。

心灵手记 56：要做最好的父母

有次家长带着孩子来找我，说孩子总喜欢上网打游戏，而且经常吆五喝六，和朋友们在一起不务正业。 有好多次，拿着家里的钱出去聚餐，在外边比赛谁出手阔绰。 我问这个孩子具体情况，孩子很不服气，他的理由倒是很充分："我爸经常都这样！"

这个现象其实很普遍。 在学校里，很多孩子做错事的理由就是："我看见我爸妈就这样。"一句话，让老师也无语。

有次我做了一个小调查，让学生们写出来自己父母的优点，有一部分孩子，写到父母很关心自己，爱帮助别人等，但是居然还有不少的孩子，说自己的父母没有什么值得他们崇拜的优点。 令我感到惊讶的是，这些看不到父母优点的孩子，成绩都很差，而且做事推脱、逃避学习、问题很多，在人格上也有障碍。

后来我问这些孩子，为什么看不到家长的优点？ 孩子们说，自己的爸爸妈妈经常玩游戏、打电脑，有时候动手打人、骂人，在家里经常不关心自己，从来都不学习，连自己课本上的题目都不理解。 那意思就是，家长不配做自己的家长。

父母怎么做才能称职呢？ 这个问题很多家长都在思考，但是总没有一个完整的答案。

从我这些年的教育经历出发，通过和孩子们的交流，发现孩子们最需要的父母具有五大特点：知识渊博、性情温和、胸怀宽阔、容忍孩子犯错、十分幽默、对孩子有指导作用。

这五个要求难免有些苛刻，但是对孩子们来说，毕竟父母是他们人生的引路者，在很多问题上，也最有发言权。而对父母来说，孩子是生命的延续，既然选择了这个生命，就要经常陪伴在身边，即使遇到困难和痛苦，也要对他不离不弃。

从社会化的角度来说，父母是一个非常重要的职业。只不过这个职业和其他职业比起来，不需要经过什么部门认证，不需要拿到上岗证，但是有一点家长们忽略了：这个职业终究需要得到孩子们的认证。而这个认证其实从小学阶段就开始了。

当孩子说看不到父母的一个优点的时候，父母这个职业做到这里，就已经表明是失败的。因为他在孩子眼中，没有给孩子带来成长必需的安慰、鼓励、帮助，没有满足过孩子成长必需的心理需求，也没有让孩子体验到和父母相伴的那种幸福感。

作为家长，听到孩子这样说，一定会很难过。可是在家庭教育中，之所以没有得到孩子的认证，就是因为家长存在着权威性，唯我独尊的心理。他们觉得自己的地位无可替代，即便孩子有抱怨，他们也会拿自己抚养孩子，给孩子钱来做挡箭牌，推脱自己的责任，其实这是中国几千年来的封建残余。

为了孩子，每一个父母都应该以自己的榜样之身，来给孩子树一座人生追求的丰碑。如果家长浑浑噩噩，整日都在混日子，那么孩子谈何成长？在这个负面的环境里，他又能学到什么？

所以我提倡在家庭教育中，先从自己做起，从父母的点点滴滴做起，要做最好的父母。这个好，不一定是要你做顶尖的成功人士；不一定是要你务必去做教师；也不一定是要你学贯中西，做学者或者是教育家。而是从心态上，要树立做好父母的信心，从行动上，要有做好父母的准备，比如，读相关的家教书，了解孩子的心灵成长动向；从思想上，还要有足够的亲子意识，和孩子互动，做孩子的生活、学习、感情方面的顾问。不和孩子有长官似的命令关系，不和孩子有居高临下的权威关系，不和孩子有指手画脚的讽刺嘲讽关系。和孩子保持平等互利的关系，和孩子能交流合作，和孩子能打成一片。

这就是好父母的标准。其实好父母并不难做，难做的是放下家长的权威，以关心孩子为宗旨，以利于孩子成长为原则，多读书、多学习，多和孩子交流，多学习有关的家教知识，那么孩子的问题就可以迎刃而解。

○ 给家长的善意短信

1. 如果你是平时工作很忙的家长，请注意要让孩子知道，你很爱读书。你说话的时候，也要有自己的见识。

2. 如果你是老板，请注意不要在孩子面前说粗话，更不要满嘴酒气，说话大声大气，乱埋怨别人，更别指责别人。

3. 如果你是普通职员，请不要在孩子面前抱怨自己的工作，更不要在孩子面前打人，不要让孩子觉得你很失败。

4. 如果你想要让孩子快乐，就展现你快乐的一面，让孩子感觉你的乐观大度。

5. 如果你想让孩子过得幸福，就让孩子看到你每天忙忙碌碌，但是心里甜蜜的样子。

6. 如果你想让孩子过得坚强，就让孩子看到你什么都不怕，永远努力的样子。

7. 如果你想让孩子很爱读书，请让孩子看到你每天都在学习的样子。

8. 如果你想让孩子很爱你，就请告诉孩子，大家都要好好地活着，因为明天很美好。

○ 能量环的使用方法及步骤

1. 使用能量环，让自己从内心里接纳自己，相信自己能做一个好妈妈、好爸爸。

2. 佩戴能量环，和孩子一起交流，告诉孩子，从这一刻起，自己要努力做好父母，改变原来的一些限制性思维和做法，让孩子和自己共同进步。

3. 让孩子自己也要有改变自己的想法。佩戴能量环，代表一种前进的誓言，不断警醒自己。

心灵手记57：重在教给孩子纠错的方法

当孩子犯错的时候，家长们通常是愤怒地斥责，佳佳的父母就是这样。她有次做错了题，父母很生气。到了晚上吃饭还是在不停训斥，从这次说到那次，从那次说到以前。佳佳因为担心害怕，吃饭也没了胃口。后来一到吃饭时间，她就心存胆怯。

从上面的故事，我们可以发现，父母们对待自己犯错的孩子，常常会采取这种简单的方式，其实也是在犯错。他们不但不能够冷静地处理问题，甚至还采用了暴力手段，急于发泄自己的愤怒，不惜用愤怒来伤害孩子，让孩子心灵受到折磨。事实上，这样的做法，对于家长们来说，有什么作用呢？孩子的祸已经闯了，错误已经出来了，重要的是弥补、是纠正，而不是暴力发泄，也不是让孩子付出吓傻、吓呆的代价来解决问题。

在家长的这些行为背后，其实隐藏着一个错误的行为模式。那就是急于发泄愤怒，让自己从愤怒中解脱出来。家长的过于武断，就是家庭教育的隐形杀手，它直接让孩子和家长之间形成了一道难以逾越的鸿沟。孩子看见父母就恐惧，就害怕，父母就很难对孩子有教育性。同时，家长这样大呼小叫，孩子就觉得自己闯了大祸，产生深重的罪恶感，在他们脆弱的心灵里留下阴影，如果不能释怀的话，有的孩子夜里甚至都会做恶梦。

值得家长们注意的是，当你发脾气的时候，是否针对的问题仅仅是因为孩子的错误？如果是的话，那么你就要马上找到解决方案，即便没有效果，也是一种补救的方法，这样对孩子来说，也是一种心灵的安慰。毕竟，孩子犯错，他自己是知道的，他本身就是不安而恐惧的。这个时候他需要的是家长们能够帮助他们。家长此时绝对不可以再揭开他们的伤疤，而是要冷静地面对现实，比如，对孩子说："别怕，做错了没关系。现在我来教你怎么办。"

我的学生们有时候写作文，写到崇拜别人会写到这样的故事：在自己犯错的时候，别人不但没有批评他，而且还帮助他怎么来做，这让他十分感激。通过学生们的故事，我们可以知道，在每一个孩子的心灵深处，都希望能有一个这样的爸爸或者妈妈陪在身边，帮助他们解决遇到的困境。

父母要教育孩子，不是在孩子出现错误的时候针锋相对、落井下石。比如有的家长说："你看让我说着了吧，不听我的，你终究是要吃亏的！"有的家长说："你自己闯了祸，又来求我了吧，自作自受了吧。我不管，你自己解决！"甚至有的家长干脆看孩子的笑话，在那里啰嗦："我早就跟你说过，终有一天你会后悔的，现在该着了吧！"说白了，家长这样做，就是在放纵自己的情绪，让自己的"毒舌"向孩子报复，以泄当初的怨气。

这些话是最伤害孩子心的。在很多孩子的日记里，都几乎写过对这种自以为是的父母的痛恨。他们恨透了这种说话绝对，在自己受伤时又幸灾乐祸的家长。

实际上，孩子们的想法的确值得同情。在孩子犯错的时候，我们做家长的，该做的就是帮助孩子补救。所谓"人非圣贤，孰能无过"，对孩子们来说，更是如此。从心理学上讲，对失败和错误的态度，很大程度上关联着孩子的一生。因为这种心理模式会进入潜意识，在记忆中留下痕迹。

在生活中我们经常会遇到这样的人，面对问题和困难常常束手无策、退避三舍。为什么？道理就在于，在他们童年出现问题的时候，遭受过父母的极端打击和嘲讽。无数次的打击，使得他们失去了反抗的能力，更不知道该怎么解决问题。

可是生活中还有这样一种人：面对问题总是坦然自若，镇定从容，没有什么可以把他们吓坏，没有什么能让他们撒手。这种人的心理模式从哪里来？就是从家庭教育的父母身上因循而来的。

当父母们在孩子面前，对孩子的问题镇静自若、毫不吃惊，甚至还很幽默地开玩笑，若无其事地帮助孩子一步步解决问题，那么这个家长在孩子的心目中一定具有偶像的示范作用。打动孩子的内心，用行动来让孩子崇拜自己，远比牢骚、抱怨、打骂来得有效，来得更有意义。

○ 给家长的善意短信

1.出现问题，一定要镇定自若，轻描淡写地对孩子说："没事，我们来解决它。"

2. 孩子的错误已经出来了，抱怨和打骂没有作用。 先从同情的角度告诉孩子，出现问题心里难受，这很正常。 然后引导孩子，重在解决、重在纠错。

3. 疏导孩子犯错后的紧张恐惧的情绪，引导孩子下一步该怎么办，让孩子建立应急的心理模式。

4. 和孩子一起搜集面对自己的错误勇于改正的名人事例。 让孩子以榜样为力量。

5. 多看一些励志类的影视剧，让孩子受到启发和感染。

○ **能量环的使用方法及步骤**

1. 通过能量环的使用，家长要让自己改变愤怒和抱怨，学会面对事实，解决问题。

2. 和孩子一起戴上能量环，告诉孩子，从这一刻起，遇到问题的时候要重在解决问题，而不是为问题而烦恼、抱怨。 让孩子和自己有个约定，列出一些改变的方法。

3. 当大家都能做出改变的时候，就要将能量环戴在右手上，感受改变的喜悦和幸福。

心灵手记 58：先让孩子学会做人

班里学生经常会出现纠纷。 有次五年级男生阿龙和小东打得不可开交，好不容易拉开来，两个人还是愤愤不平。 问明原因，才知道为了一件小事。 阿龙口渴想向小东借口水喝，可是小东不肯。 我问他："你们是好朋友，怎么会连口水都不给朋友喝呢？"

小东很委屈地说："他要是把我水喝完了，我怎么办？"

阿龙因为小东不让喝水，所以动手抢，一来二去，两个人开始吵闹，吵不过就动手打起来。

我问阿龙："你怎么问人家借水的？"阿龙说："我说把你水拿来我喝。"

小东说："他命令我给他水。 我凭什么要给他喝。"

阿龙说："小气劲儿，连水都不舍得。"

两个人说着又开始互相侮辱。

就为了一杯水的事儿，他们打得鼻青脸肿，谁也不让谁。

孩子们在学校里经常发生这样的事情，叫老师们头疼不已。 原本是些芝麻大点小事，结果闹成大事。 到底为什么？ 仅仅是因为孩子没有懂得忍让吗？ 不是的，这些问题我把它归咎于"做人缺失型"家教模式。

早几年的独生子女被很多教育学者们所诟病，原因就是他们的自私自利，甚至是无法无天。 而现在的这一代孩子，已经不是用一个独生子女的概念就可以涵盖的。 他们身上存在的做人能力的缺失、心灵的浮躁，更甚于当年的 80 后独生子女。 每次开家长会和大家交流，仔细问问，大部分孩子平时在家里，想要什么都可以得到什么。 父母们一般都忙着工作、挣钱，极少关心孩子的问题，大多给孩子一点钱了事。 在孩子的心目中，只要能得到钱，也大多都乐颠颠地拿着去消费，随心所欲、过分物质化，急于得到心理满足。 这就是这些孩子们的心理写照。

有些家长抱怨说孩子不会自律，不知道忍耐，其实原因就在自己身上。 当孩子出现问题的时候，家长们极少能够忍耐住怒气，好好和孩子交流，大多是采用了暴力解决问题这种处理问题的方式，让孩子们也学会了暴躁。 而在和同学的相处中，他们采取的方式也大多是从父母那里学来的。

如果你的孩子爱吃爱喝，你仔细检讨一下，是不是自己也经常这样做？

如果你的孩子没有忍让别人的心，经常和别人起冲突，你想一想，自己是不是也经常这样？ 面对纠纷，你仔细观察一下自己，是不是自己也是把小事化大，闹得沸沸扬扬？

如果你的孩子和别人斤斤计较，得理不饶人，请你检讨一下，在家庭中是不是有这样的处理问题的模式？ 从自己的心灵深处检讨，或者在爷爷奶奶那里，也有一种这样的心理模式？

家庭其实就是一个大的磁场，在这个磁场中，孩子每时每刻都会受到各种磁场的吸引，而后受到感染，将家庭中父母的心理模式变成自己的模式。 父母在做人方面是怎么样的，孩子也会受到怎样的影响。

所以，作为父母，应该从提高自己磁场的良性吸引着手，让自己在做人方面做得好，给孩子一个榜样，然后引导孩子做人。 把握教育孩子应该先从做人着手这个原则，如果自己身上也存在着做人的缺陷，就要警惕自己，让自己改变。

在这里我明确一个家教原则，就是对待孩子的教育，要从点点滴滴做起，关注孩子生活的细节，教给孩子"大事化小，小事化了"，多看到别人的好，多看到别人的善良，不能一味责怪别人。

当孩子们能够在大人的引导之下学会关心别人，不用自己的小人之心度量别人，不为一点小事斤斤计较，善于原谅别人，那么家长们的做人教育这一关就及格了。

○ 给家长的善意短信

1. 教导孩子待人要真诚，带着孩子出去和同事接触的时候，给孩子做出示范。

2. 在生活中引导孩子客观评价别人，不在背后发牢骚。

3. 家长在家庭中不要出现暴力行为，不要经常诋毁别人。

4. 家长要把眼光放长远，不能为了制服孩子而施行暴力。

5. 家长要让孩子多交好朋友，向好朋友学习做人方面的优点。

6. 在家里保持温馨的气氛，让孩子有静心的情绪。

7. 帮助养成孩子忍让、谦虚的习惯，知道有礼貌，不怕吃亏。

○ 能量环的使用方法及步骤

1. 通过能量环的使用，让孩子学会客观看待别人、体谅别人，愿意付出爱心给别人。

2. 让孩子右手佩戴能量环。告诫孩子，从这一刻起，很多人都会喜欢他。因为他有爱心，会原谅别人、乐于助人，而且说话算话等等。

3. 家长也要佩戴能量环，和孩子一起，实践对孩子的告诫中交代的做人的要诀。如果大家都做到，就要将能量环一直戴在右手上。反之，戴在左手上，警醒自己。

第6章
好父母的心灵修炼大全

为人父母者，除了忙着生计、忙着工作，还要忙着教育孩子。 事务的繁忙、心灵的负累，有时候恰如一团乱发，想要理一理，都无从下手。 在外面千辛万苦地伪装，终于可以在家里放下全副的武装，然而真实的自我疲累又无奈、仓皇又无聊，似乎无法排遣烦躁和负累。

孩子的问题，看似是教育的问题，其实很多时候，就是为人父母者自我心灵的写照。

心情好的妈妈，带出来的孩子也快乐；整天牢骚满腹，抱怨天抱怨地的妈妈，带出来的孩子也是一副苦大仇深的模样。 许多孩子在学校里犯了错，就会推脱责任说："我妈妈（爸爸）经常这样的。"

家庭无形中，成了父母们发泄压力的场所，而孩子，也无形中成了父母"毒舌"之下的一个受害者。 我们的心灵到底该如何栖息？ 用什么方法让心灵获得过滤和休养？ 本书介绍目前国内最为先进的心灵修炼方法，让家长在繁忙的工作之余，可以致力于内心修炼，让自己活在平静的喜乐中，寻找心灵平衡的最佳活法。 在这个部分，大家可以多加领悟，多多操练，相信一定会有效果的。

心灵手记59：快速制怒八法

有次和家长在一块谈孩子的问题，很多家长都说做家长情绪的管理很难，当说到愤怒这个话题，家长说："也不知道怎么的，就是控制不了自己的怒火。"我点头说："你说得对，怒火是必须要控制的，你控制不住，不一定别人就控制不住。 所以，我们不能放弃，要去寻找能够控制怒火的办法。 所谓事在人为嘛。"其实我说这些话，并不是站着说话不嫌腰疼，因为我既是老师，又是妈妈。 面对每个班一百多个孩子，一届又一届的学生，还有自己的女儿，这么多孩子，怎么能没有烦心的事情呢？ 当他们乱作一团的时候，说自己没有愤怒，是不可能的事情。

正是因为我身处在这个环境之下，我才明白，要用心来寻找制怒的方法。 在这个过程中，我学会了情绪的管理，也学会了快速制怒法。

首先我们先来分析一下愤怒的来源问题。 弄清了这个问题，就能够了解我们制怒法的理论所在。 从心理学上分析，愤怒是一种情绪的负债。 什么叫情绪负债呢？ 就是在成长的过程中，甚至包括在幼儿期，受到的心理挫折，被大人侮辱、误解等造成的心理创伤，在某个特定的情境下被激活，重新被唤醒出来伤害自己。 也就是说，小时候受到的那些被大人责骂的痛苦，并没有随着岁月的流逝而消失殆尽，而是像小草一样，埋藏在内心的深层。 一旦出现和以前的伤痛类似的情景，愤怒就会再次出现。

比如，孩子不写作业，只顾着玩。 这个情形正好唤醒了自己小时候被父母教导的记忆，父母说不写作业就是犯罪。 所以在这一刻，怒火蹿上了心头。 再比如，在孩子和你斗嘴赌气不吃饭的时候，这个情形激起了自己潜意识的回忆，当年你的父母就是在你赌气之时大发雷霆的，正好这个情形和你当年的情形吻合，不知不觉激活了这个心理模式。 于是你也大发雷霆。

在这里值得我们推敲的是，我们的家庭教育，其实并不是我们自己的家教，而是因循了上一代父母的心理模式，不管你愿意不愿意，或是当年如何叛逆，但在潜意识里，你一定会保持着和上一辈父母们几乎一模一样的家教手段。

这就是我们愤怒的由来。 所以，面对愤怒，我们先从它的源头抓起。 接下来介绍 8 种方法：

○ 制怒八法及其操作

第一种方法：深呼吸法。 在面对孩子的情况的时候，尽量深呼吸，闭上眼睛，开始数自己的呼吸，用心感受鼻子的呼吸。 把注意力集中到自己的呼吸上面。

第二种方法：想象法。 想象自己很温柔地走过去，对孩子说："你要是能改变一下，我会非常高兴的。"想象孩子很乐意接受这个建议，他马上做出了回应，然后自己也很有信心地对孩子说："你这样我真喜欢！"

第三种方法：手戴能量环法。 在小指或者是中指上，戴一个自己喜欢的橡皮筋，表示自己的能量环。 当自己生气的时候，就赶紧从右手换到左手，如果自己能够恢复常态，心情平静下来，就把能量环再戴回到右手上。 反复这样多次，就养成习惯，只要能量环在右手上，就说明心情平静。 通过更换能量环，来改变自己的心情。

第四种方法：转念作业法。 当愤怒的时候，马上要问自己几个问题：我的怒火是从哪里来的？ 是孩子吗？ 这个愤怒的情绪，和自己记忆中的哪件事情有关系？ 愤怒的目的是什么？ 能给我带来什么？

第五种方法：动作转移法。 出现愤怒的时候，赶紧要去做一件事情。 比如，洗衣服，洗手，打篮球，跑步，跳舞，做操等活动，或者放声歌唱，哼小曲。

第六种方法：冥想法。 坐下来听音乐，闭上眼睛，想象自己到了一片幽深的森林里，然后看见愤怒的狮子走来了，自己赶紧想办法躲起来，然后等那头愤怒的狮子走开。

第七种方法：自我催眠法。 看着孩子，说："你不是想这样做的，你原本是想让我高兴的。 现在我心情很好，你看，我不在乎你让我多生气。 我现在心情很好。"

第八种方法：对决法。 让惹自己生气的孩子知道自己很愤怒。 要赶紧告诉孩子，说愤怒的魔鬼抓住了自己，要孩子和自己联合起来，一块来抓住愤怒，制服愤怒的魔鬼。 和孩子一起合作，与自己的愤怒对决。

这八种方法是十分有效的。 家长们可以任选一种，多加练习。 重要的是，在坚持的过程中，能够学会倾听自己的内心。 多了解自己内心的阴影。

训练坚持 21 天为一个疗程。 只需要 21 天后，基本可以养成制怒的习惯。

○ 能量环的使用方法及步骤

1. 通过使用能量环，家长要让自己改变愤怒的情绪。学会很快从愤怒里走出来，并且善于分析自己的愤怒。

2. 当自己愤怒的时候，就要佩戴能量环，问自己四个问题：为什么要生气？为什么是因为这个？为什么会想起这个问题？为什么不能放下这个原因？

3. 如果问题获得解答，自己的心情就会平静下来，将能量环戴在右手上。坚持深入地问下去，效果更好。

心灵手记60：树立良好心态

很多家庭会经常出现抱怨这样的负面情绪。家庭不幸福，父母一定会经常互相抱怨，互相吵闹，而这个家里的孩子，也一定是怨天尤人的；出了事情，父母互相推诿，不能勇敢地担当，那么这个孩子，也一定习惯逃避；孩子爱哭闹，一定是家里有负面的情绪太多，父母一方会习惯闹别扭，如果父母之间经常互相揭底，互相攻击，孩子也会和亲人之间互相诋毁。

这些问题正是家庭教育中隐形的心灵杀手，侵蚀着亲子关系，侵蚀着家庭的幸福，侵蚀着孩子成长的心灵。虽然这些不是太大的病菌，但日积月累就会成为一堆垃圾，横亘在父母和孩子之间，无法超越。

这里就涉及了家长的心态问题。这里的心态是广义的，包括对自己的心态问题，对孩子的心态问题，还有对社会的心态问题。拥有良好心态的家长，看待社会是开阔的，是有无限空间的，没有什么限制，相信社会会越来越好。看社会的发展大多从积极的一面看，不增加心理负担。做事豁达大度，对人也是开朗的。

家长如果对社会发展没有良好的心态，觉得事事不顺心，危机重重，那么他的心态就会影响到做事、说话，做事谨慎，缺乏勇于担当的魄力。同样一个成绩不好的孩子，不同心态的家长就会有不同的教育方法。心态好的家长会想：这个孩子成绩不好，只代表现在，孩子还小，有机会有时间给他锻炼，慢慢来，只要相信孩子。然后这个家长就会用鼓励的方法，一点一滴培养孩子的自信心，从小事做起，用足够的耐心发现孩子的优点，让孩子知道他并不比别人差，他没有失败，因为未来还在前方。 心态差的家长会想：这个孩子彻底完了，这么简单的问题都不会，还有什么机会呢？ 简直太倒霉了。 算了，索性就不指望他了，反正也没有什么希望。

于是，这个家长会越想越愤怒，越想越不甘心，但因为心态不好，总是往坏的方面想，就会想起自己的孩子比不过别人，比不过自己同事的孩子，比不过邻居的孩子，甚至比不过远不如自己的同学的孩子。 这样一来，家长的心态就越来越坏，心情也越来越糟糕。 长久下来，就会变得愤怒，直到愤怒地实在忍受不了，只好冲着孩子发火，把所有的愤怒都撒到孩子的身上，看孩子什么都不顺眼。 这就是两种不同心态的家教模式。 正验证了拿破仑·希尔所说的："心态决定成功的第一步。"

心态的重要性，许多家长其实是了解的。 但可惜的是，他们总是和周围那些心态不好的人在一起，久而久之，就改变了自己的气场，心态也变成了向下的。

有次见到一个家长，她说自己一直心气很高，看问题都从好的方面看，可是这几年，不知道怎么的，情绪十分消极悲观。 遇到问题就总会想：为什么别人都没有出现这些问题，而只有我存在呢？ 于是越想就越苦痛，到最后慢慢觉得自己很笨。

尤其是在孩子的问题上，也总是贯彻这个原则：不能比别人差。 这个原则给她的心态带来了负面的影响。 因为听人说，小时候学习好，将来才会好。 所以对孩子从小看得很紧，每次一到考试，心理就紧张。 生怕考差了自己脸上无光。 结果，考试成了判断孩子未来的唯一标准。 成绩成了她对孩子爱与不爱的分界线。 有了好成绩，什么都好说；没有好成绩，一切都别想谈。

就这样，她的孩子也变成了什么都想要好，因为自己不好，所以讨厌自己，厌学、逃学，放纵自己，自甘堕落。 孩子变成这样的问题出在哪里？ 还是心态问题。 孩子的心态也变得不好了。

为什么我们总会被一些坏的心态所左右？ 为什么我们总被坏的气场所影响？这些不良的心态从哪里来呢？ 从限制性思维那里来的。 而那些限制性思维又从哪里来？ 从社会的舆论中来。 比如，社会舆论认为，女孩不如男孩聪明，结果很多家长就对女孩子不抱什么希望。 让女孩子学些特长，男孩子多读书。 而事实证明，女孩子不是照样可以在科研部门搞科研吗？ 女孩子不是照样在历年高考中成绩高于男孩吗？ 这些就足以证明这个舆论是没有理论根据的，这就是一个限制性思维。 比如，考不上大学就没有好工作。 这个限制性思维让很多家长围着高考转，为了成绩含辛茹苦。 结果呢，考了大学的孩子，未必就比没有考了大学的孩子聪明多少，甚至还不如没有考上大学的孩子灵活，没有他们生活适应能力强。 关键问题在于，事在人为。

社会中的一些限制性思维，成为影响我们心态的最重要的原因。 这些限制性思维，不但束缚了我们的眼界，也束缚了我们的良好心态。 让我们受限于特定的条件，让活生生的人被现实所困。 有句俗语叫"活人不会叫尿憋死"，这话虽然说起来比较糙一点，但是理却是很透彻的。 我们是活生生的人，考虑问题应该是灵活的，是多变的，而不是固定于某一个条件，囿于某种限制。

从这个意义上说，我们要审视生活中的一些思维，检视自己是否被这些思维所困，了解自己为何对孩子灰心失望，自己的灰心是否有道理，是否有依据。 否则的话，就不要轻易选择消极的心态。

成功总是从良好的心态开始。 这是做家长最应该记住的一句话。 在这个心态的保证之下，家长就会心平气和地面对孩子的一切，接纳孩子的一切。 在这种心态之下的孩子，受到的影响也将是很深远的，他会接受自己，更深刻地了解自己，看待问题也会有良好的心态。 这就达到了我们家教的真正目的。

○ **能量环的使用方法及步骤**

1. 通过能量环的使用，让自己和孩子学会保持良好的心态。

2. 戴上能量环，和孩子约定要改变以前的限制性心态。 告诉孩子，大家都是一样的，从头开始感受美好。

3. 戴在右手上，每天都看到快乐的事情，每天都有快乐的感受，有成就感。 让孩子勇敢举手，快乐回答问题。

心灵手记61：学会静心面对自己

有次一位家长带孩子来咨询，说孩子学习太差，弄得自己很没有面子，心里十分气愤。孩子在我的催眠下，开始默默地流泪。一说到父母，就觉得自己对不起他们。说自己是个罪人，学习太差给他们丢人了。

后来我和家长沟通，家长说自己只要成绩，别的一概不管。我问家长："你是不是想圆一个大学梦？"家长点头说："我以前家里太穷，没有上大学，现在我挣钱都是为了孩子，能让他好好读大学。结果他就这样不争气，你说我挣钱还有意思吗？"

其实家长的这句追问，不光是对我，对很多的人来说，这也是个非常难以回答的问题。这样的一个想法却是国内家长们的一个心结，也是共性。一句"为了孩子我辛苦挣钱"，感动无数家长们，但却感动不了孩子们。事情的真相真是这样吗？

客观来讲，挣钱是为了生存，为了自己活着的意义，干嘛说是为了孩子？难道我们不为了孩子，就不挣钱了吗？其实对父母们的这个说法，我小时候就看出了问题，并且十分较真地和父母起过冲突。我也不是故意和爸爸妈妈做对，我只是有些想不明白，为什么父母们要将自己的生存理由，转嫁到孩子身上。那时候心里相当委屈，也相当叛逆。直到现在自己做了老师，做了妈妈，我仍然不会把这个理由加在孩子身上。为什么家长要用那样一个谎言来欺骗孩子呢？这里我们来分析一下。

首先我们可以肯定，这个谎言打的是亲情牌。让孩子记住我们的好，记住我们的辛苦，让孩子不觉得我们的缺点，树立我们的尊严，树立我们的权威，让自己的说法成为有效的说辞。在这样的条件之下，谎言就成立了。

其次，这个谎言的目的是为了控制孩子，让孩子感恩于我们。我们可以通过自己的谎言，在孩子的心目中变得高大起来。可是这样一来，孩子就变得极为渺小。很多学生内心里其实都有一种罪恶感，尤其是学习差的学生，他们觉得自己对不起父母，对不起亲人，这种负罪感让他们抬不起头来。 从心理学上讲，这给他们带来了人格上的障碍。 甚至在未来的生活中，都对父母有一种深深的隔膜。 这种隔膜不是"代沟"一个词语所能解释的。

再次，通过这个谎言，家长们是想让孩子知耻而后勇，未雨绸缪。 可惜的是，当家长们透露出自己过得辛苦的信息时，只会增加孩子的心理负担。 一旦有负罪感，孩子的心里就不再是单纯的，快乐的。 这样一来，他们学会了急功近利，就学会了要立竿见影，希望一步登天，报答父母。 在这种心态之下，孩子难免会病急乱投医。 有些孩子喜欢作弊，喜欢做表面文章，没有真本事，原因就在这里。

在生活中一些家长对孩子急于求成，拔苗助长，希望马上能够得到好的结果，这个想法就是来源于此。 关键问题在于，这样就造成了家庭教育中的"恨铁不成钢"的心态。 如果再从深层次来分析，这是家长们在社会环境下，无法面对自己的表现。 有些家长在孩子面前，说自己如何受欺凌，如何不开心，假如上了大学，有了好工作就不会过成这样。 其实这个说辞，对孩子来说，就是一种实实在在的谎言。 因为问题不在社会，不在工作，而在自己。 自己的心态没有改变，自己的欲望没有拿掉，就不能公正地看待自己的工作和生活。 这样就给孩子造成了不公平的影响。

○ 给家长的善意短信

该如何正确引导孩子的心灵呢？ 我把这个理论叫做"静心理论"。 做好自己，静心面对自己。 找到自己要什么，不要什么，明确自己对孩子的任务和作用，那么具体怎么操作呢？ 这里有几个练习步骤，大家可以试一试：

1.对自己的生活有合理的规划，不要人云亦云，随波逐流。 从今天开始，制订自己的计划。 例如，生活计划、财务规划、家教规划等等。 做到心中有数。

我的家庭规划是：_____

我的生活计划是：_____

我的财务规划是：_____

我的家教规划是：_____

2.确定自己的生活目标。 比如，想要幸福还是快乐？ 想要金钱还是名利？想要做什么样的家长？ 专断型？ 民主型？ 心灵型？ 朋友型？ 都可以填写如下：

我要做_____的人，我要做_____的父母，我要过_____的生活。

3.在纸上列出并选择：让孩子做什么样的人

A.我想让孩子做自由的人

B.我想让孩子做快乐的人

C.我想让孩子做平凡的人

D.我想让孩子做有知识的人

E.我想让孩子很有钱

F.我想让孩子做个好人

G.我想让孩子做有人生价值的人

4.确定好自己的目标之后，要做好时间记录。

每天要做好时间—事件记录，让日子充实起来，把生活划分为四大块：工作、生活、家教、孩子。 然后逐步填充自己的记录。

5.最后一个步骤，随时检查自己的行为。 看看是不是很有意义。 内心里的困扰是不是已经不在了。

这个静心训练十分有效，请按步骤做下来，能坚持下来一个月做记录，一定会大有变化，让孩子和家人大吃一惊的。

○ **能量环的使用方法及步骤**

1.通过使用能量环，让自己学会合理规划自己的家教人生，而不是把自己的意愿强加给孩子。

2.戴上能量环，感受自己的内心意愿。 找到自己想要的是什么，确定自己想做的是什么样的父母。

3.右手佩戴能量环，表示自己决定要仿照开放的家教模式，还给孩子自由和人格成长的权利。

心灵手记 62：找到人生真义——喜悦

和家长们在一起交流的时候，我经常会问他们一个问题："你到底想要什么？"

这个问题虽大，但是并不是无迹可寻。活在这个世上，虽然已经为人父母，但对自己的人生规划终归还是要有的。因为对自己的人生有计划，那么孩子也会受到影响，他也会有自己的规划。

当我们生活严谨，活在自己的规划里面，充实而忙碌，孩子难道就不会有所感触吗？当我们把自己的人生计划向孩子阐述，让孩子了解我们，不是一种很好的亲子互动吗？当我们真的能够把自己对于人生的想法、对于人生的感悟和孩子交流，所有的孩子都会看到父母坚强而知性的一面。也许孩子暂时还不理解，但是终究有一天，他会唤醒自己的记忆，想起你说过的那些关于人生的话题。

遗憾的是，很多家长似乎觉得自己距离这个问题太遥远了，他们懒得去想，也不屑于去思考。大家匆匆忙忙，为了所谓的生活，为了所谓的金钱，为了所谓的名利，奔波劳碌，甚至都忘了要好好想一想，自己是不是值得，是不是已经疲惫不堪。

经常有孩子跟我说，最近爸爸妈妈的心情不好，他也吓得不敢说话。如果那几天学生精神不好，老和同学闹矛盾，我就知道，一定是他们家里出问题了。大人的内心纠结，情绪的不可释放，都或多或少地传递给了孩子。孩子们莫名其妙地受到冲击。到底该如何让孩子知道这些？如何给孩子一个清爽的家庭空间？

所以我说到这个话题，目的是想让所有的家长们了悟自己，看透自己，然后发展自己。当家长们能够看懂自己，明了自己的人生真义，对自己的人生充满信心，充满规划和快乐时，那么教育孩子就是一件十分轻松简单，而且还十分具有价值感的事情。

我们不是为了教育孩子而教育孩子，我们是通过发展自己，看清自己，让自己向上的能量来带动孩子，让孩子不自由自主地跟在我们的后面，超越我们的人生，除此以外，家庭教育不能附加任何外在的条件。从这个意义上说，孩子是独立的，他是有自己的选择权的，如果我们足够强大，足够让他们佩服，那么他们就会不用外力强加，自觉地走在我们的后面，循着我们的理想，义无反顾。

强制的外力施加在孩子身上，只能证明我们的虚弱。我们没有目标，浑浑噩噩，我们不知道要什么，不知道活着是为了什么。我们只是单纯为了金钱，单纯为了名利，那么孩子也会单纯为了这些，而放弃追求人生的真正意义，他们会出现很多背离真理的行为反差。

在心灵深处，我们应该好好想一想生活是为了什么？

人生的答案有很多。有的想要很多的金钱，可是有了钱之后发现，自己的孩子一点儿也不幸福，甚至总在给自己找麻烦，惹自己生气，这到底为什么？有的人想要很大的权利，结果当他实现这一切的时候，自己的孩子居然变得无法无天，不知道天高地厚，居然在背后使绊子，防不胜防，这到底为什么？有的人什么都不缺少，但孩子就是不争气，总让自己不顺心，这又是为什么？

外在的物质没有穷尽，有一个想要十个，有十个想要一百个。好了还要更好，更好还要最好。内心的欲望就好像一个无底洞，没有能够填满的时候。孩子在这种欲望模式的引导之下，也陷入了一个怪圈，你满足他一个想法，他就求你再满足一次，然后他会让你满足他无数次，到最后你不满足孩子的话，他就会用行为来威胁你。

假设我们能够静下心来，想一想我们该要什么，用心灵来感受自己的贪婪，也许我们就知道，让孩子学会寻找自己的意义，让孩子明白自己本来什么都不需要，只要在心中快乐就足够了，这样大家就不用有那么多的烦恼和困扰。家长也就不会在某天后悔，说自己为了挣钱，忽略了孩子的成长，也不会因为后悔，而塞给孩子无尽的烦恼，敷衍孩子，养成孩子一身的坏毛病，更不会用钱打发孩子，让孩子认为钱就是人生的唯一。

一家人活在喜悦的亲子氛围中，还会有那么多的不顺心吗？

从现在开始，寻找我们的人生真意义：不是金钱，不是名利，不是权利，不是多少物质需求，而是心灵的宁静和喜悦。即便孩子没有显赫一时，没有聪明过人，但你是快乐的，孩子是快乐的，这就是真正的人生。

只要我们活在自己淡泊的喜悦中，胸怀宽广，不患得患失，不为孩子强加束缚，孩子就会感受到你的宁静，就会和你一样，认真做事，有自己的目标和计划，淡然地看待自己的生活，你们之间就会有良好的亲子开端。

具体怎么来操作呢？ 这里有几点建议供大家参考：

○ 给家长的善意短信

1. 如果心情不好，一定要让自己冷静下来。 想想自己要的是什么，是否太过于苛求，是否对孩子的成长不利，要停止匆忙的脚步。

2. 当你忙得想要发脾气的时候，就是到了要冷静的时候，要停下来和孩子一起说笑话，交流，搞好亲子关系。

3. 情绪出现愤怒和失落，正是需要精心思考的时候。 想想自己要什么。

4. 写下来自己的人生目标：我要快乐，我要喜悦，我要淡泊。 我要冷静，我要爱孩子的冷静之心。

5. 把自己的喜悦告诉孩子，这就是幸福。 有了幸福，人生就足够了。 一切都会慢慢好起来的。

○ 能量环的使用方法及步骤

1. 通过使用能量环，放大内心喜悦的感觉。 改变以往的约束性思路，比如，要很多钱，要孩子必须考到多少分，要自己必须做到多有名气等等。

2. 佩戴能量环，思考生存的最终价值问题。 从这一刻起，自己要做出决定：把自己活出来，当做一件艺术品，来仔细体味人生的滋味。 不论什么，都是一种财富。

心灵手记63：学会心灵按摩

当我们为了尘世的功名费尽心机时，孩子其实已经陷入我们积累的情绪负债中了。 这是我在带孩子的时候，恍然醒悟的。

生下女儿那一年，因为工作繁忙，生活所迫，顾不上照顾女儿，再加上我没有帮手，孩子只有自己暂居在外婆那里，这使得我的心情十分沮丧。

女儿到了六个月的时候，我的情绪也极为恶劣。 经济紧张，工作没有起色，家庭出现危机，不顺利的事情接踵而至。 在这种负面的家庭氛围之下，我陷入空前的低落人生，找不到方向。 那时候女儿却莫名其妙地病倒了。 连着低烧、吃药、挂点滴，折腾了近半个月，反反复复，退了烧又升上来，叫我牵肠挂肚。 女儿的身上，能够扎针的地方都扎过了，看见她忍着不哭的表情，我流泪了。

我看着自己这样沮丧的人生境遇，静下心来问自己：我到底要什么？ 我想要做什么样的人？ 是这样低落暴躁的人生吗？ 那些陪着孩子住院的夜晚，我恍然醒悟，突然想明白了自己：我不做这样的妈妈，不做这样的老师。 我不要这样没有目标、随波逐流的人生。 那段时间，我重新捡起了自己丢掉多年的笔，开始思考自己想要什么，并为此义无反顾地踏上了心灵成长的征途。

奇怪的是，在我想明白了自己的一切之后，我的身体再也没有像从前那样生病，女儿的身体也一下子好了起来。 良好的情绪可以击败一切。

我非常感谢女儿和我心心相印。 在那段苦痛的日子里，找不到人生的方向，但4岁的女儿却用自己稚嫩的话给我带来希望。 有次我问女儿："你喜欢妈妈吗？ 妈妈是什么样的？"女儿很幸福地说："妈妈我感谢你，我喜欢你。 你是最好的妈妈！ 妈妈，我们死也要在一起。"年龄仅仅只有4岁的女儿，居然可以用这样深情的话语来开解我。 这让我突然醒悟，我明白了自己的人生意义所在。从那以后，我开始思考心灵的问题。 心灵的富足远远可以超越现实的困顿，哪怕是不名一文，只要内心喜悦，心无旁骛，终究有一天会感受到真正的幸福。

纷繁的人世间，想要获得解脱的唯一方法，就是学会心灵按摩。 把那些曾经让我们苦痛的阴影，重新整合，看到自己想要什么，知道自己想要做什么。 分清什么是自己不想要的，但是自己却被迷惑，执著强求，结果身心疲累；分清什么是自己想要的，却因为世俗的原因，或者是对自己不够自信，而将梦想搁置一边。 这样的人生毫无意义。 我们要勇敢地和过去说再见。 从头开始自己的一切，活在自己的喜悦追求中。

当别人嘲笑你的时候，请不要胆怯，如果你爱自己，就勇敢地对自己说："我相信自己，我不在乎别人的眼光。"无论别人有多么显赫，请千万不要艳羡他们外表的风光，因为只要你拥有内心的丰盈，你也就永远不会贫穷。 你内心的富足，会带来物质的财富，你也会优于从前，你想要的一切，都会滚滚而来，只

不过需要你用心灵来感受,让自己想清楚是什么阻碍了自己的发展:

如果你整天只想着要大量的钱财,那么注定你会变得蝇营狗苟,斤斤计较,请用自己正面的力量修炼你的心灵,你要相信,你有能力挣到足够的财富,只不过还没有到时候而已;如果你整天只想着要名扬天下,你就注定会变得虚伪而圆滑,事实上这些对你的理想实现毫无用处。你要把心放在是否能给人带来能量、能否帮助别人上面,这样才会有好的机会到你身边来。

请相信你心灵的力量,只要你改变你心的方向,那么你的人生也就有了改变,你的孩子跟在后面,也会有了改变! 这是我自己亲身实践得来的。

○ 给家长的善意短信

1.静下心来,盘点自己的心灵,看看自己有什么梦想还没有实现。问问自己,到底为什么不去努力实现这些梦想。

2.告诉自己,用潜意识的方法,让自己相信:我一定可以的。只要我想要,我就可以改变现状,能够得到我想要的人生。

3.从现在开始,接受正面的能量,相信自己可以改变。

4.从改变心灵入手,重新对待自己经历的困境,不过是一段烟云。把限制性的思维都统统抛掉。

5.检视自己生活中的限制性思维,比如,我不会电脑,我不会开车,我不会做销售等,让自己从无限制开始:我可以。我只要愿意,就一定可以。用足够的时间,让自己相信"我一定行"。

○ 能量环的使用方法及步骤

1.通过使用能量环,相信自己的能量将大增,突破自己的限制性想法和做法。

2.佩戴能量环,挑战自己的做法,比如,告诫孩子,什么事情只要愿意去做,都可以成功。然后和孩子约定,大家一起尝试找到最感兴趣的事情,从零开始做起,一直到有个好的结果。

3.启动自己的事业,或者对家教开始钻研都可以。佩戴能量环,就是代表一种暗示和对自己的接纳。要大声对自己说:"我相信自己能,就一定可以!"

心灵手记64：爱的心灵法则

父母之爱是什么？ 这个问题总是有各种各样的答案。

有人说，爱就是给予，满足孩子的需求，给孩子一切想要的。 这种家教的爱，无可厚非，关键问题在于，当孩子变得什么都不会，只知道伸手向家长要的时候，我们该思考的是，作为家长能够陪伴孩子多久？ 一辈子吗？

有人说，爱就是管教。 给孩子制定何种规则，让孩子知道自己在这个世界上的有所不能，必须不能，才能让孩子适应社会，适应未来。 这个出发点是好的，关键问题在于，如果孩子一旦认定，自己有很多事情不能做，不会做的时候，他的心灵里就有了一个受限模式，他遇到问题就不敢上前，遇到困难就躲起来，这时家长们又该作何想呢？

孩子是一个生命，拥有独立的人格。 我们对他们，如果真爱，必须用自己的心灵之爱，来了解他，关注他，支持他，体谅他，理解他。 在那些他苦痛的日子里，和他站在一起。 在那些他骄傲的日子里，给他真心的告诫。

爱的心灵法则，就是要让孩子的心灵，一路健康地成长。 这里包含了六大法则，在每个法则的背后，都蕴藏着孩子人格成长的契机。

法则一：放手。

在孩子最需要实践的时候，给他放手的自由，让他体会到自由的快乐，体会到自己长大的快乐，这就是孩子心灵成长的契机。

法则二：信任。

在孩子做事的时候，不要跟在后面给他们千交代万叮嘱，要给孩子信任的机会，给孩子实践的机会，让孩子学会自信。 在未来的生活中，他们将会明白，自己管理自己，才是最快乐的事情。 这会带给孩子心灵成长的动力。

法则三：自律。

用自己的意志力，克服来自外界的诱惑和困扰。 不让自己轻易放弃，这就是自律。 当家长做到自律，带给孩子的也将是勇敢地面对自己，坚持到底的自律。

法则四：耐心。

对孩子耐心地等待，相信终究有一天，他会慢慢明白自己的未来所在。 给孩子足够的时间，让他学会自己实践，不给他们负面的刺激，不评判他们的错误，要让他们摸索出来一套属于自己的东西。

法则五：童心。

和孩子的交流，在于童心。 如果没有童心，孩子将不会信任你，你也将无法取得孩子的喜欢。 在没有喜欢的背后，你的一切将会受到孩子本能的排斥。 只有童心，可以让孩子把内心的烦恼和你一起分享，所以，要从孩子这里学习童心，再把童心还给孩子。

法则六：快乐。

用快乐打动孩子的心灵，让孩子和你的快乐一起互动，帮助孩子寻找自己的快乐所在，为了寻找快乐的自己，在学习和生活中不断探索，孩子会自觉地走进人生的殿堂，为了快乐一路前行。

在这六个法则中，贯穿其中的就是爱。 有爱的心灵，会在这些法则中，找到孩子带给自己的成长的喜悦。 活在喜悦中，比什么都来得真实，来得完美。 家庭教育的艺术性，也就在这里了。 家长们如果能从六个法则入手，修炼自己的心灵，孩子也一定会感受到内心的宁静。

从现在开始，马上实践爱的六个法则。 记住，孩子永远是你心灵磁场的追随者。 你是什么样的，孩子也会是什么样的。 为了这个，请将你的心灵磁场放大，给孩子无穷的吸引力吧！

○ 能量环的使用方法及步骤

1.通过使用能量手环，家长要开始积极实践六个爱的法则。

2.佩戴在右手上，耐心记忆六个爱的法则。 逐一去实践。 当做到的时候，就要告诉孩子，自己心里很高兴，内心有一种喜悦。

3.和孩子一起互动，感受实践的成就感与幸福。 能量环固定在右手上。

心灵手记65：找回逃跑的自信心

许多家长对自己的孩子容易失望。恨铁不成钢，他们都忍不住对孩子指责、侮辱，甚至是打骂。虽然他们也知道这很简单粗暴，对孩子影响不好。但因为失望太大，无法释怀，难以排遣，只有借用种种反差行为来掩盖自己内心的失望。

这个道理就好比山洪暴发，当失望的情绪和自己的内心愿望形成落差，失望就会变成一股洪流，需要流通，需要泄洪，孩子正好成了这个泄洪的蓄水池。不管孩子有没有心理准备，有没有泄洪能力，都最终被大人们赋予了这个作用。所以，孩子无形中接纳了大人的垃圾能量，将负性的情绪吸收过来，变成了自己的一部分。在每一个孩子身上，都存在着大人们情绪释放的模式，潜移默化地形成了孩子处理情绪的方式，这也就形成了各个孩子不同的气质心理特征。

为什么家长容易失望呢？原因很简单，在社会生活中，有一个看不见的约定俗成的规范，比如，孩子成绩好，似乎预示着优秀，也似乎预示着将来的辉煌。这个概念化的规范，约束了大人的思维。

值得反思的是，大多容易失望的父母，本身在工作或生活中不顺利。在这些规范面前，如果这个家长没有上过大学，有可能他很推崇上大学，并且认为没有上大学很失败，那么就可以推断这个家长，在生活中也觉得自己是失败的。而事实上，怀抱自己是失败者的心态，这个家长的事业多半也是失败的。在失败的心态主宰之下，他的家庭教育也不会成功。很明显，他的孩子也不会出现很正面的心态，在他的引导之下，又会陷入他的这个限制性的心理怪圈当中。

这形成了一个情绪链条，似乎有些宿命。但从心理学的潜意识分析，却不无道理。限制性思维模式，给家长们带来的困扰在于，这似乎成了一个无法破解的怪圈。

仔细分析不难知道，在家长们内心困扰的背后，埋藏着一个秘密，那就是家长们补偿心理的存在，而正是这个才导致了孩子问题的出现。很多家长自己缺失的东西，就寄托到自己的孩子身上，自己宁肯砸锅卖铁，也一定要让孩子实现自己的梦想。 这个想法本身是有违孩子的选择权利的。 梦想是独立的个体自己的权利，家长们无权强加于孩子身上。 当家长们将自己这个限制性的思维模式，传达给孩子的时候，就是将一种限制性的潜意识模式交给孩子。

每个人都有权利追求梦想，不分年龄和性别，遗憾的是很多家长失去了梦想，失去了做梦的能力。 年纪轻轻却像是垂垂暮年。 事实上即便垂垂暮年，也可以突破自己的极限，这里我就谈到了许多家长自身存在着的心理问题，那就是自卑，缺乏自信心。 当家长对孩子颐指气使，振振有词的时候，其实是沿袭了上辈人居高临下的教育方式，同时也激活了家长们当年那种无能为力的记忆。 如果再把这些强加给孩子，就是在重蹈覆辙。

为什么不从改变自己开始呢？ 既然自己都没有改变的勇气和信心，那么为什么要寄希望于孩子呢？ 孩子不是照样在你的负面的气场中接收失败的信息吗？你总是这样传达限制性思维，难道不知道它会给孩子带来困扰吗？

在临床心理治疗中，我发现一个很普遍的现象就是，家长们经常逃避自己的问题，避而不谈，或者是置若罔闻。 我遇到很多这样的家长，每次我发现问题出在他们身上的时候，他们总是采取阻抗的方式，和我谈论孩子时把孩子揭露得体无完肤，对自己却讳莫如深，甚至觉得要自己改变是无稽之谈。 他们觉得孩子就是孩子。 这种想法的错误就在于，完全抹杀了教育对孩子的熏陶作用。

家长敢于面对自己的问题，敢于直面心灵的困扰，突破多年以前限制自己思想的心灵阴影，这就是心灵成长的变化。 但仍有许多家长未意识到自己的问题，甚至逃避问题，一味地苛责孩子，这样的做法，无异于掩耳盗铃，自欺欺人。 孩子是一个生命，我们要从改变自己开始，传递给孩子信心。

如何找回自己的自信呢？ 在家长们走进社会生活的那天起，可能有些一直活跃在自己的事业中，信心一点点积累起来，变得越来越有力量。 这是我在有些家长身上看到的有趣现象。 有个家长对我说，小时候父母老对她有负面打击，她也不相信自己能行。 可是在三十多岁才发现，自己也可以做到很多事。 她惊讶地发现，自己居然有了自信。 像这个情况，就是心灵获得成长的表现。 但在现实中，我接触到的家长，很多都是负面能量过大，对自己评价极低的，比如："我不行啊，孩子这个家全靠你了。"或者是"我们已经完了，只有你了！"这些言辞，其实就是在推脱自己，在将一种负面的能量移交给孩子。

○ 给家长的善意短信

1. 每天暗示自己：我要重新开始，重新认识我自己。

2. 每天发现自己的一项潜能：比如，今天我会开车了。今天我会打乒乓球了，今天我会打篮球了，今天我会打电脑了，等等。

3. 临睡前对自己说：我不是不能，而是一直都没有开始。现在要开始寻找那个充满能量的自己。

4. 早上起床对着镜子告诉自己：我很好，我欣赏我自己，我绝不会放弃自己。

5. 多看自己的优点，从自己的优势着手建立自己强大的心灵能量。

6. 积累自己的心灵能量最低需要 21 天，持续三个月就可以了。你会发现自己充满了自信。

○ 能量环的使用方法及步骤

1. 通过使用能量环，让自己学会自信，学会积聚能量。

2. 在自我暗示的环节中，要佩戴上能量环，和孩子一起寻找自信。让孩子和自己约定几条做法，大家一起练习。

3. 能量环佩戴在右手上，随时检查对方是否履行了约定。或者再制定一个方案出来。注意要在沟通交流的基础上制定，基于对孩子的理解和尊重，而不是迫于权威和压力。

心灵手记66：心灵冥想法，赶走坏情绪

在繁忙的工作之余，我们会遇到很多烦心的事情：孩子学习成绩不太理想，工作没有起色，心愿没有完成……。烦恼越积越多，到最后形成粘稠的思绪，就变成了一种难以排遣的情绪，渗透在生命的每个时刻，无力解脱。我将这些情绪称之为"坏情绪"，并将这些情绪分为几大类型：

第一，对人生现状不满意，怨天尤人。这是一种极为有害的坏情绪。这种

情绪叫做无助感。 它对自己的成长极为有害，久而久之就会变成抑郁症状。 而孩子也会深受其害。 如果你发现孩子也喜欢抱怨，总是用各种理由为自己解脱，为自己推脱责任，那就说明，你的无力感深入到了孩子的心灵当中。 孩子的改变必须从你开始。

第二，自怨自艾，觉得自己活该。 这种心态对自己的伤害无疑是最致命的，它的打击也是最直接的。 比如，做事之前总会在心里盘算：我做不好的；遇到困境，总是说：这是我活该。 从心理学分析，对自己采取这种类似自虐的态度，在心灵的深层就是一种讨厌自己、不接纳自己的心理模式。 这种情绪对心理健康非常有害，它直接抹杀了我们的斗志和信心，让我们沉浸在自己的坏情绪中，不能走出来。

第三，妄自菲薄，早早放弃。 这种心态类似第二种心态，但不同的是，这里多了一种和别人对比之后的灰心绝望。 总拿别人做参照物，并且总是通过和别人的比较，让自己放弃，给自己寻找退路。 这种心理导致自己不敢追求、不敢奋斗的思维模式，让自己沉浸在命该如此的宿命里，不能自拔。 这种坏情绪被孩子感染，就会不思进取，被动推诿。 成长失去动力。

第四种，目光短浅，急功近利。 为了一些芝麻大的小事，心存芥蒂，耿耿于怀。 其实这些烦恼和幽怨，也无非是没有获得心理平衡，没有得到心理满足。 为了获得满足，急于发泄心中怒火。 一次次地用发泄来强调自己的欲望，希望达成自己欲望的满足。 多次刺激和释放之后，就会变得暴躁、易怒、浮躁。 这种心理模式对人格的伤害是十分大的。 孩子如果感染这种情绪，就会容易发火，或者是过于胆小。 做事患得患失，没有长远目标，更没有人生规划。

第五种，自恋自负。 因为遭受过别人的嘲讽，心底里有极深的报复情绪，讨厌别人挑错，讨厌别人揭短。 害怕被人瞧不起，一旦别人有不同意见，就会觉得内心受到伤害。 讨厌被人挑战，尤其在家庭生活中，绝对不让孩子犟嘴，不让孩子辩驳。 自己的决定百分百正确，自己的想法不能被驳回，自己的一切都是正确的。 这种心态导致了情绪的滋生，动辄失控吵架，动辄自怨自艾。 过分注重自己的感受，带给自己的伤害也就越多，情绪也就越激烈。

以上是我综合生活中家长的具体行为，总结出来的六种负面情绪模式。 这六种情绪对孩子的伤害是深刻的，对他们的人生也有十分可怕的影响。 所以，从现在开始，请你准备好，我们要赶走这些坏情绪。 这里我推荐目前国内最流行的也是比较有效的潜意识冥想法。

○ 给家长的善意短信

潜意识的冥想法，就是在心目中建立一个新鲜的世界，用潜意识的接纳和感恩，赶走旧的情绪，破解旧有的心理机制，建立新的心灵机制。 相信自己只要改变，就一定可以成功。

接下来是具体的操作：

1.选择舒缓的音乐，闭上眼睛静心倾听乐声。

2.想象自己的眼前出现了幽深的丛林，有小桥流水。 自己正在惬意地看着这一切。

3.闭上眼睛，欣赏美景，看见自己正坐在桥边，写下自己的坏情绪。 然后在纸上写道：我要慢慢接受我自己，我要送走这些坏情绪。

4.想象自己正在把这些坏情绪送走，把写着自己坏情绪的纸条叠成纸船，然后放到水里，看着那纸船慢慢漂远，向他们说再见。

5.想象自己的崭新情绪正走出来。 想象自己在丛林中，写着自己的新情绪。

6.新情绪里有快乐，喜悦，要高兴地接纳这些新情绪。 高兴地拿着那张写着新情绪的纸条，或者是精美的纸单，幸福地道谢。

7.快乐地接过那张纸单，把它留在自己的记忆里。 为自己欢呼，为自己高兴。

8.告诉自己，一切将重新开始。 自己将要脱胎换骨。

○ 能量环的使用方法及步骤

1.在冥想的过程中，将能量环佩戴在右手上，想象自己的能量在不断上升，帮助自己成就完美。

2.冥想的细节再详细一些，能看到场景，听到声音，甚至感受到心里的波动。 冥想能量在内心发生变化时的样子。

心灵手记67：消除阴影，喜乐无忧

不知道为什么，露露的妈妈一看见孩子成绩差，就心头发紧，莫名其妙地想要发火，发火之后又会觉得后悔。她努力想要让自己镇定下来，好好对待孩子，可是似乎做不到。努力多次都没有作用，最后只好求助于心理辅导。

像露露妈妈的苦痛，真的是露露引起的吗？其实不是的。而是露露妈妈的内心深处，有一道阴影。在她童年的时候，每次考试不好，一定会受到父母的惩罚。虽然这让她心里曾经无比的痛苦，但她从来没有反抗过，因为她觉得大人的做法是对的。这就是她的阴影所在。

童年虽已远去，但童年的阴影仍深刻地掩埋在露露妈妈的心中，又直接投射到露露的家庭教育当中。

家长面对痛苦的方式是一种指导。家长消极沉沦，孩子未来也会堕落；我们绝望，他们的未来也会在某一个时刻呈现绝望。

孩子在自己的阴影里迷失。家长如果选择抱怨他们，斥责他们，误解他们，用恶毒的语言嘲讽他们，只会进一步把自己的阴影笼罩在孩子的心头。

对我们内心的阴影，该怎么办呢？

第一步骤：发现阴影

消除阴影不是一朝一夕的事情。需要从好几个层面开始做起。第一个层面，就是从发现阴影开始。我们的心灵阴影从哪里来的呢？请家长们仔细想一想，在自己的童年里，是否有过难以释怀的苦痛？是否有过心灵的伤痕？是否从父辈那里接受过另样的心灵模式？孤独？忧郁？柔弱？还是无助？

有位朋友告诉我，说她一看到身材高大、样子威严、穿着制服的人，就总是会心头发紧，神经紧张。后来发现在她的潜意识深层，存在着一段可怕的记忆。她曾经见识过一个个子高大的人被车撞死的情景，那段记忆正好在她的童年时期。在那个时期，她出现了短暂的心理障碍。直到成年后，也仍然存在着心理阴影。

一般来说阴影来自经历。找一个时间，一个安静的角落，细细倾听自己的内心，问问自己的阴影来自哪里？ 闭上眼睛，像放电影一样，仔细搜寻。 当然，有些记忆，不是自己可以找到的。 可能会是在梦中出现过的一些场景，这些场景从侧面也会反映自己的心灵层面。

第二步骤：正视阴影

对自己的阴影如何接受呢？ 这里要讲到的是，不要害怕，不要愤怒。 要坦然面对这些昔日的烙痕，感谢岁月留给自己的记忆，然后平静地送走那段记忆。告诉自己，阴影是岁月成长存在的意义。 想想那段阴影，给自己带来了什么样的觉醒？ 这就是值得感谢之处。

第三个步骤：升华阴影

将阴影升华是心理治疗的重点部分。 对于孩子们来说，也是一个最最有效的部分。 升华的目的，是从阴影中获得力量，而不是消极的负面能量。 所以，我们一定要注意，从积极的层面入手，引导自己发现另一个通路，勇敢地改变自己。 比如，朋友后来训练自己，天天看着高个子穿制服的人，通过心灵冥想法，在想象中和这些人做朋友。 直到最后终于可以面对面和他们交流。 这就是整合阴影，做到成功地升华。

从上面三个步骤我们看到，心理问题的解决不是一蹴而就的。 孩子的心灵问题也是一样。 不要把自己的意愿强加给孩子，不要把自己的负面情绪转移到孩子身上。 一旦有了内心困扰，就要记住，正视往昔阴影，用上述方法，对自己，对孩子进行升华。 只要愿意去做，只要你有决心，就一定可以做到。

○ 能量环的使用方法及步骤

1. 通过能量环，消除内心的阴影，改变家长的单一性思维模式。 促进开放性的发展心理模式。

2. 在消除阴影的过程中，要佩戴能量环，戴在右手上。 感受明亮的色调，反之则是黑暗和冰冷的感觉。 不断进行练习和感悟。

3. 临睡前做十分钟左右，坚持最低一个月。 之后心灵平静，一直佩戴在右手上。

心灵手记68：反观内心，活在当下

中国式家长总是有操不尽的心，从孩子呱呱落地到读书、工作、结婚……未来总有太多的不确定和值得担心的事情，总有忧虑。

在对未来的担忧中成长的孩子，早早学会了"杞人忧天"，即使面朝大海，春暖花开也难展笑颜。让人不禁想大声呼喊：把快乐还回来，把快乐还给孩子，把快乐还给父母！然而，如何能够找回快乐呢？

心灵导师埃克哈特·托利指出：活在当下，修炼当下的力量。这句话为我们指明迷津。

将来取决于现在，过去不代表未来。在当下这个心灵维度里，我们要紧紧立足当下这一刻。在这一刻里，修炼自己内在的力量，找到真正的自己。正视外界的诱惑，不在意外界的挫折，从内心出发，寻找真正的价值。这才是当下一刻我们亟需要获得的心灵能量。

生辰有昨日、今日、明日三种，人的阴影又集中为昨日的困惑，对今日的担忧及明日的忧虑。要真正消除所有阴影，必须有针对性地面对担忧本身。

找到自己担忧的将来，明确将来自己想要什么，写下自己的目标，确定自己的未来。然后设计当下的每一个步骤，不为将来发愁，坚信当下的力量。

对于过去的经验太多、迷失了真实的自己的人，这时就要看清过去的经验到底代表了什么，然后整合过去的经验所赋予的符号。比如，以前自己失败过，所以在内心的符号就是"我很差"，这个符号使得内心失去动力。这个时候，就要进行阴影整合，要从容接纳从过去失败的经验里面获得的符号，然后怀着感恩的心，送走这个符号。然后再面对自己，解读现在的自己。现在一切从头开始。不为过去难过，不为将来担忧。

对于既为将来担忧，又为现在难过的，从这种心态中走出来，需要消除两种阴影：让自己既看到自己的优势，又要从过去的伤痛中走出来。家长要深入了解自己的痛苦根源，消除痛苦的阴影，解脱心灵的困扰。

通过努力，如果能从这三种模式中走出来，家长就不会过分苛责孩子，也不会担忧孩子，愤怒的情绪会有所缓解。 看待问题也会客观公正。

○ 给家长的善意短信

消除各种阴影都首先要反观内心。 这种方法主要是通过反省体察自己的内心世界，找到症结所在，进而对症下药，消除阴影，解决问题。 反问自己：

1. 我在担心什么吗？

2. 我在害怕什么吗？

3. 我的担心和害怕有作用吗？

4. 我真的必须要害怕和担心吗？

5. 这些情绪从哪里来？

然后逐步回答这些问题。 等到把答案弄清楚之后，就会明白自己的情绪。 情绪一旦被觉察，它就消失不见了。 最后进行反观，就是要对自己进行情绪整理。 不让自己回到过去，不让自己回到未来，不受将来和过去的挤压。 不担忧也不恐惧，活在喜悦中。 淡定地做事，温柔地爱孩子。

这种方法也是要积累一定时间才可以。 最好练习三个月。 三个月后，心态自然平和。 这就可以感染到自己的孩子了，会给孩子带来不一样的感觉。

○ 能量环的使用方法及步骤

1. 家长佩戴手环，播放轻音乐，做冥想练习。 感受到自己的喜悦。
2. 临睡前做静心的潜意识练习，要摸着手环倾听音乐，直到平静入睡。

后记

写完这部书的时候，外面已经是冬风猎猎，寒意袭人。但是我的心里却暖融融的。

我想说的东西太多，一时却不知从何说起。这是一部写给那些真爱孩子，愿用心灵和孩子共同成长的家长们的心灵宝典。在这里，希望家长们可以按图索骥，找到自己孩子心灵的密码，还可以抛砖引玉，进一步深入理解孩子，自此开始和孩子心心相印的新旅程。

从教十多年来，我一直致力于对学生心灵的研究，希望能从爱的角度，给孩子带来快乐和阳光。在这个过程中，和众多家长们的沟通和交流，给我带来了很多的启发，手头也积累了不少的资料。现在终于把这些想法和资料整理出来，算是我对这些年教育生涯的一个回顾和总结，也是我积极推行心灵家教迈出的第一步。

教育孩子是全世界最为光荣的事业，不管是教师，还是家长都在不辞辛苦地养育孩子，为社会输送了无数的人才。养育孩子无疑是件辛苦的事情，然而所有的家长都不曾抱怨，因为，这苦中有着巨大的甜蜜。任何付出都值得。

时代发展变化太快了，做一个称职的好家长需要学习的东西太多了。电脑、互联网的普及，信息时代的新名词，新新人类的情感符号，九零后的时尚元素……审美观、生活意识、价值观的激烈蜕变，孩子们和家长之间，似乎渐行渐远，拉开了不小的代沟。

旧的说教显然没有用武之地，孩子未必买账，弄不好搞得亲子关系紧张。强制管教用得了一时，但未必能用到孩子十二岁。

我们只有从小开始和孩子进行心与心的交流，双方的心灵一起成长。教学相长，互为对应物。孩子的身上有我们需要学习的真诚和坦率，而我们则可以带领他们看待问题更加系统，更加客观。当然，如果你这个家长心灵早已停止成长，那么你也未必就比孩子成熟，也未必就比孩子心理更健康。

从这个角度上说，我们其实是通过孩子，丰富完善我们自己，通过孩子，更好地发现我们自己，发展我们自己的未来。

我们可以成就孩子的梦想，同样的，孩子也能够成就我们的梦想。这一点我是深有体会的。我就是从研究孩子的心灵开始，找到自己终身的目标和追求的。

面对孩子，我们一定要抱着开放的心态接纳他们，在接受他们的同时，本着理解、尊重的原则，去读懂他们，看清楚他们，和他们做朋友，共同成长，寻找自我价值。这就是心灵成长的宗旨和要义。

开学之初，有学生看到我中指上总带着一个墨绿色的手环，非常好奇地问我："程老师，你手上戴的是什么啊？"我笑了笑说："我戴的这个是能量环，里面有一个非常神奇的故事。"直到现在，孩子们还在期待着我跟他们讲这个神秘的故事。其实这个能量环是我对自己的承诺。我承诺自己绝不简单评判孩子，要和孩子们心灵互动，不用自己的强制力造成他们人格的缺失和障碍。我每天戴着这个手环，感受自己心灵成长的喜悦和快乐。现在我已经不需要佩戴了。因为这个手环已经化为一道力量，永远留存在了我的心中。

这个手环就是心灵成长的能量环。当你买到这本书的时候，也将有幸获得随书附赠的一枚能量环，它将向你传达一种能量，证明你有勇气和信心改变自己。这是你作为家长从心里决定要和孩子一块心灵成长的见证，也是寻找灵性能量的约束环。

具体使用方法是这样的：当你觉得情绪很好，心态平和，能够和孩子达到共识，孩子和你沟通良好，那么请将能量环戴在左手中指上；如果你的情绪暴躁，过分强求，无法控制自己，说明你的能量正在向下，需要积聚积极正向的力量，赶紧将能量环调换到右手中指上。通过不停地更换能量环，让家长学会不断地觉察自我，体验情绪的不断变化，有助于静心和改变。通过佩戴能量环，训练时间最低为 21 天，基本可以养成习惯。如果再有负面情绪的复发，继续佩戴能量环。直到心态平和，正面能量环绕在身边，心中就可以有一道能量的光环，孩子就会感到平静的喜悦萦绕在心头，大家都会有快乐的体验。

最后，我要预祝各位家长，能够顺顺利利展开心灵家教的幸福旅程，和孩子开开心心，亲子互动，听懂孩子的心里话，做孩子的无敌好爸妈！

在这里，我还要感谢曲江出版传媒股份有限公司的范婷婷编辑，她慧眼识珠让本书得以面世；同时我还要感谢我的先生和女儿，他们积极支持我的写作工作，为我分担了很多家务，腾出足够时间供我安心写作；最后我要将我的祝福和深深的谢意送给我的父母，是他们给了我生命，并用自己健全的人格培养了我，让我在他们的言传身教之下，得到了心灵的真谛。 父母的教诲将成为我一辈子的财富！ 而这恰恰向我们证明了一个真理：家庭教育是伟大的！

2010 年 11 月 17 日于南阳新野家中

图书代号　SK10N1226

图书在版编目(CIP)数据

听懂孩子的心里话：一位心理辅导师的10年辅导手记／程华芳著. —西安：陕西师范
大学出版总社有限公司, 2011.1

ISBN 978 – 7 – 5613 – 5352 – 3

Ⅰ. ①听… Ⅱ. ①程… Ⅲ. ①家庭教育 – 教育心理学
Ⅳ. ①G78

中国版本图书馆 CIP 数据核字(2010)第 234432 号

听懂孩子的心里话——一位心理辅导师的 10 年辅导手记

作　　者	程华芳
责任编辑	范婷婷
文字统筹	张爱林
封面设计	巩　洁
出版发行	陕西师范大学出版总社有限公司
	(西安市长安南路 199 号　邮编710062)
网　　址	http://www.snupg.com
印　　刷	北京市密东印刷有限公司
开　　本	700mm×980mm　1/16
印　　张	13.75
字　　数	150 千
版　　次	2011 年 1 月第 1 版
印　　次	2011 年 1 月第 1 次印刷
书　　号	ISBN 978 – 7 – 5613 – 5352 – 3
定　　价	28.00 元

读者购书、书店添货或发现印刷装订问题,请与本公司营销部联系、调换。

电　话:(029)85458072　85458068(传真)